中医药院校数字化创新教材

供中医、中医康复保健、中医护理等专业使用

针灸操作技术实训指导

主　编　凌宗元

副主编　顾　倢

编　者　（按姓氏汉语拼音排序）

方杨琪　顾　倢　廖海清

凌宗元　夏秋成　杨　蕻

科学出版社

北　京

内 容 简 介

《针灸操作技术实训指导》是全国医学院校卫生职业教育“十二五”规划教材《针灸学》的配套教材，由四川省针灸学校编写。实训教材的建设工作，是贯彻2014年国务院常务会议部署加快发展现代职业教育的精神，牢固确立职业教育在国家人才培养体系中的重要位置，力求体现职业教育专业设置与产业需求、课程内容与职业标准、教学过程与生产过程“三对接”。本实训指导共十六项针灸操作技术，包括毫针刺法、灸法、罐法、三棱针法、皮肤针法、皮内针法、电针法、穴位注射法、火针法、穴位敷贴法、微创穴位埋线法、刮痧法、耳针法、头针法、腕踝针法、杵针法。技术内容覆盖了《针灸学》全部针灸操作内容。另外，还增加了腕踝针法和颇具特色的杵针法。

本实训指导适合于中医、中医康复保健和中医护理等专业的学生使用。因为加入了视频，也适合其他热爱针灸的人士轻松地学习针灸技术。

图书在版编目（CIP）数据

针灸操作技术实训指导 / 凌宗元主编 .—北京：科学出版社，2016.8
中医药院校数字化创新教材
ISBN 978-7-03-049279-1

Ⅰ. 针… Ⅱ. 凌… Ⅲ. 针灸学 - 中医学院 - 教材 Ⅳ.R245

中国版本图书馆 CIP 数据核字（2016）第 150890 号

责任编辑：张映桥 / 责任校对：张怡君
责任印制：赵 博 / 封面设计：铭轩堂

科学出版社 出版
北京东黄城根北街16号
邮政编码：100717
http://www.sciencep.com
三河市骏杰印刷有限公司印刷
科学出版社发行 各地新华书店经销
*
2016年8月第 一 版 开本：787×1092 1/16
2024年1月第十次印刷 印张：4 1/2
字数：106 000
定价：29.80 元
（如有印装质量问题，我社负责调换）

编写说明

党的二十大报告指出："人民健康是民族昌盛和国家强盛的重要标志。把保障人民健康放在优先发展的战略位置，完善人民健康促进政策。"贯彻落实党的二十大决策部署，积极推动健康事业发展，离不开人才队伍建设。党的二十大报告指出："培养造就大批德才兼备的高素质人才，是国家和民族长远发展大计。"教材是教学内容的重要载体，是教学的重要依据、培养人才的重要保障。本次教材修订旨在贯彻党的二十大报告精神和党的教育方针，落实立德树人根本任务，坚持为党育人、为国育才。

《针灸操作技术实训指导》是全国医学院校卫生职业教育'十二五'规划教材《针灸学》的配套教材，由四川省针灸学校编写。实训教材建设，是贯彻2014年国务院常务会议部署加快发展现代职业教育的精神，牢固确立职业教育在国家人才培养体系中的重要位置，力求体现职业教育专业设置与产业需求、课程内容与职业标准、教学过程与生产过程"三对接"。基于基层中医人才的培养要求，与中医药行业正在全国范围开展的"基层常见病多发病中医药适宜技术推广"，以及"中医药服务能力提升工程"的业务要求，同时，针对"中医药健康服务业"发展的人才需求，其专业实用性极强。

本实训指导共十六项针灸操作技术，包括毫针刺法、灸法、罐法、三棱针法、皮肤针法、皮内针法、电针法、穴位注射法、火针法、穴位敷贴法、微创穴位埋线法、刮痧法、耳针法、头针法、腕踝针法、杵针法。技术内容覆盖了《针灸学》全部针灸操作内容。另外，还增加了腕踝针法和颇具特色的杵针法。

本实训指导具有以下特点：①采用信息技术方法，学生用手机下载软件，在网络环境下（学校WiFi）扫描书中的插图，即可在手机上观看该项技术的视频。②技术内容覆盖中医执业助理医师考试大纲的要求，同时满足传统康复学技术内容，也适宜于中医护理的技术内容。③每项技术均按实训室操作要求列出"物品准备"、"操作步骤"、"操作要点"、"操作穴位"和"注意事项"，对学生的指导具体而实用。④在部分技术之后，介绍一些"应用举例"，以增强学生对技术应用的认识。

本实训指导的毫针刺法由顾使编写，灸法由方杨琪编写，罐法由杨蕻编写，三棱针法、皮肤针法、皮内针法、电针法、穴位注射法由夏秋成编写，火针法、穴位敷贴法、微创穴位埋线法、刮痧法、耳针法、头针法、腕踝针法由凌宗元编写，杵针法由廖海清编写。全书由凌宗元、顾使统稿。学校实训中心张文华老师做了大量协助工作。要特别感谢的是，本书视频制作中，刮痧技术由成都市名医馆曾上劼主任医师操作，微创穴位埋线技术由成都中医药大学附属医院戚建明主任医师操作，杵针技术由四川省针灸学校钟枢才主任医师操作。

本实训指导适合于中医、中医康复保健和中医护理等专业的学生使用。因为加入了视频，也适合其他热爱针灸的人士轻松地学习针灸技术。

编 者

2023 年 5 月

目　　录

第1章　毫针刺法

一、进　针　法

（一）单手进针法

【物品准备】

毫针（1寸）、消毒平镊、消毒干棉球、75%乙醇棉球、污物盘。

【操作步骤】

（1）安排体位
（2）准备针具、75%乙醇棉球
（3）定穴与消毒
（4）进针
（5）出针

【操作要点】

取1寸毫针，右手拇、食指持针柄，中指抵住针身，快速刺入皮下，调整角度，再平稳刺入至所需深度（图1-1）。

【操作穴位】

曲池、合谷。

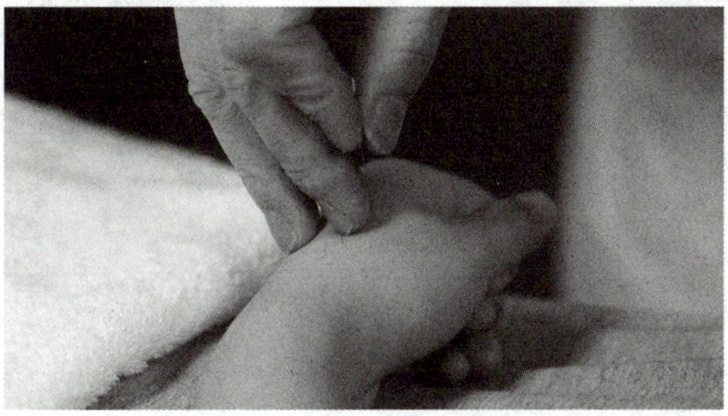

图1-1　单手进针法

【注意事项】

（1）进皮要快，以防疼痛。

（2）进皮不宜过深，以防伤及深部结构。

（3）进皮后平稳进针至所需深度，注意得气情况。

（二）双手进针法

【物品准备】

毫针（1.5 寸）、污物盘、消毒平镊、消毒干棉球、75% 乙醇棉球。

【操作步骤】

（1）安排体位

（2）准备针具、75% 乙醇棉球

（3）定穴与消毒

（4）进针

（5）出针

【操作要点】

（1）指切进针法：取 1.5 寸毫针，左手押穴，右手持针，针尖紧靠左手指甲缘刺入皮下，调整角度，再平稳刺入至所需深度（图 1-2）。

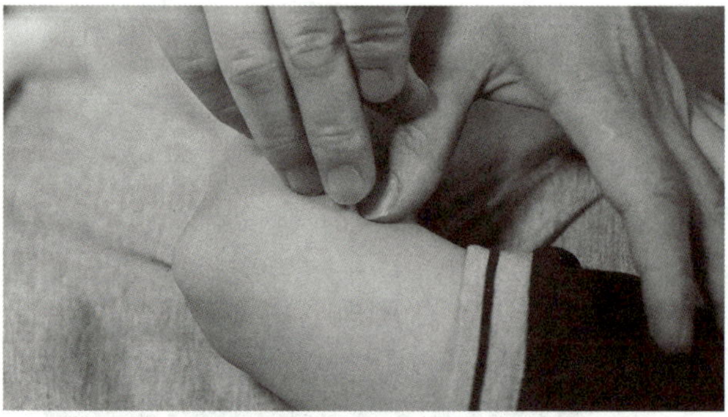

图 1-2　指切进针法

（2）夹持进针法：取 2 寸毫针，左手夹持针身下段，右手持针柄，快速刺入皮下，调整角度，再平稳刺入至所需深度（图 1-3）。

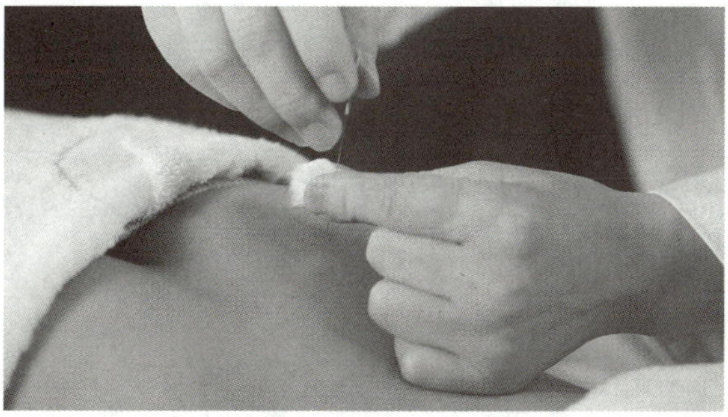

图 1-3　夹持进针法

（3）舒张进针法：取 1.5 寸毫针，左手把皮肤向两侧撑开，使之绷紧，右手持针，快速刺入皮下，调整角度，再平稳刺入至所需深度（图 1-4）。

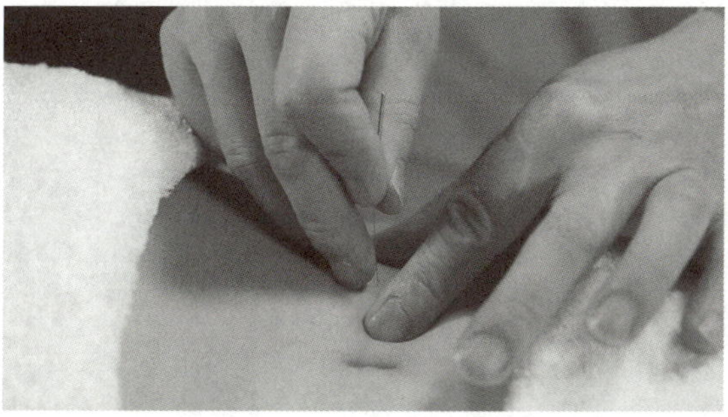

图 1-4　舒张进针法

（4）提捏进针法：取 1 寸毫针，左手将皮肤捏起，右手持针，快速刺入皮下，调整角度，再平稳刺入至所需深度（图 1-5）。

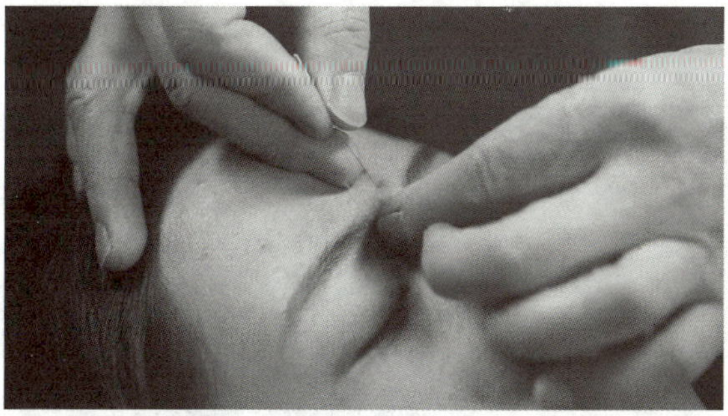

图 1-5　提捏进针法

【操作穴位】

指切进针法选合谷、内关，夹持进针法选丰隆、上巨虚，舒张进针法选天枢、关元，提捏进针法选印堂、列缺。

【注意事项】

（1）进皮要快，以防疼痛。
（2）进皮不宜过深，以防伤及深部结构。
（3）进皮后平稳进针至所需深度，注意得气情况。

（三）针管进针法

【物品准备】

毫针（1.5 寸）、针管、污物盘、消毒平镊、消毒干棉球、75% 乙醇棉球。

【操作步骤】

（1）安排体位
（2）准备针具、75% 乙醇棉球
（3）定穴与消毒
（4）进针
（5）出针

【操作要点】

取 1.5 寸毫针，左手将管针置于穴处，右手拍打针柄将针刺入，抽出针管，调整角度，再平稳刺入至所需深度（图 1-6）。

【操作穴位】

曲池、手三里。

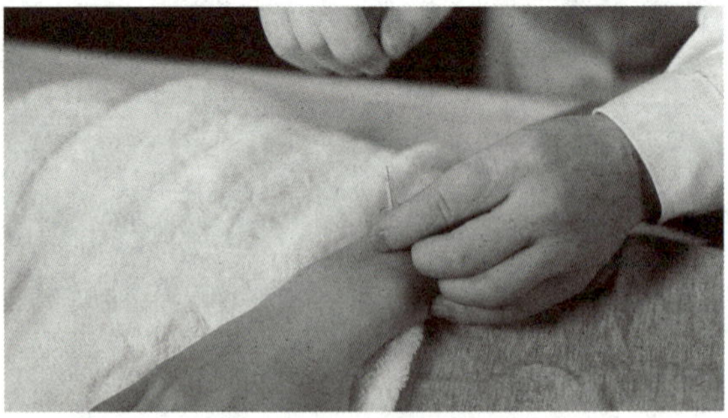

图 1-6　针管进针法

【注意事项】

（1）进皮要快，以防疼痛。

（2）进皮不宜过深，以防伤及深部结构。

（3）进皮后平稳进针至所需深度，注意得气情况。

二、行　针　法

（一）基本手法

【物品准备】

毫针（1.5 寸）、污物盘、消毒平镊、消毒干棉球、75% 乙醇棉球。

【操作步骤】

（1）安排体位

（2）准备针具、75% 乙醇棉球

（3）定穴与消毒

（4）进针与行针

（5）出针

【操作要点】

（1）提插法：取 1.5 寸毫针，进针至一定深度后，将针垂直，由浅层下插至深层，由深层上提至浅层，上下进退反复操作。提插幅度大（3 ～ 5 分），频率快（120 ～ 160 次 / 分钟），用力重，时间长，则刺激量大。提插幅度小（1 ～ 2 分），频率慢（60 ～ 90 次 / 分钟），用力轻，时间短，则刺激量小（图 1-7）。

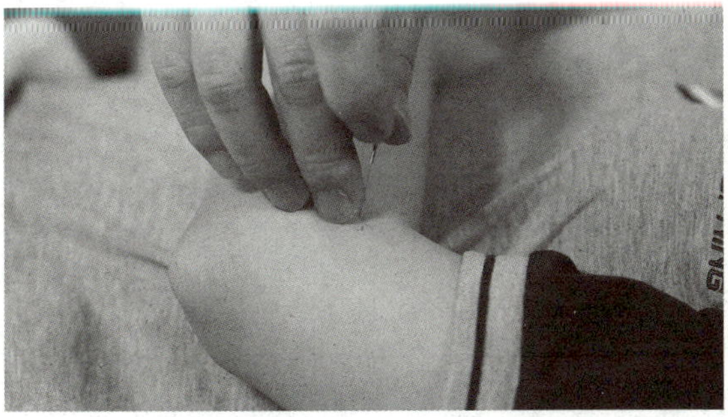

图 1-7　提插法

（2）捻转法：取 1.5 寸毫针，进针至一定深度后，拇、食、中指（也可拇、食指）持针柄来回捻动，交替进行。捻转角度大（360°），频率快（120 ～ 160 次 / 分钟），用力重，时间长，则刺激量大。捻转角度小（180°），频率慢（60 ～ 80 次 / 分钟），用力轻，时间短，则刺激量小（图 1-8）。

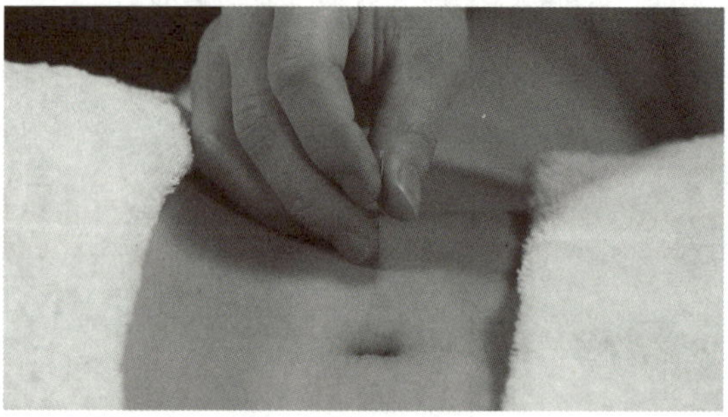

图 1-8 捻转法

【操作穴位】

手三里、足三里、天枢、关元。

【注意事项】

（1）提插勿时大时小，上提时不要提出皮肤，下插时不要刺伤筋骨与脏器。

（2）捻转时用力均匀，频率一致。必须双向来回旋转，动作连贯自然，不要中途停顿，禁止单向捻转，以免滞针。

（二）辅助手法

【物品准备】

毫针（1 寸，1.5 寸）、污物盘、消毒平镊、消毒干棉球、75% 乙醇棉球。

【操作步骤】

（1）安排体位

（2）准备针具、75% 乙醇棉球

（3）定穴与消毒

（4）进针与行辅助手法

（5）出针

【操作要点】

（1）循法：取 1.5 寸毫针，刺手三里或上巨虚，用手指顺着经脉的循行路线，在腧穴的上下部轻柔地循按或叩打。用力要适度，过重易阻碍经气运行，增加肌肉紧张度，产生疼痛，用力过轻则达不到目的（图 1-9）。

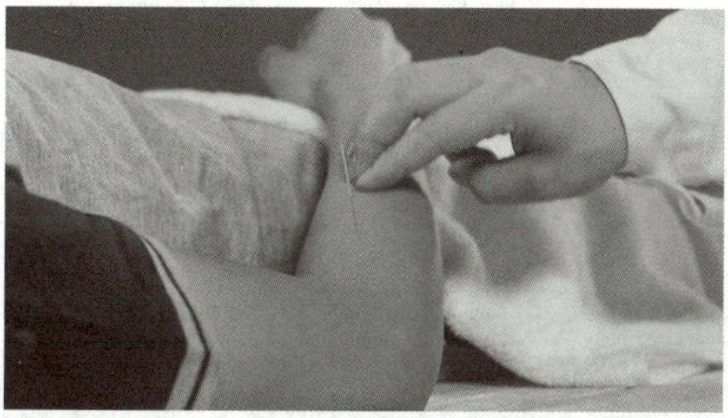

图 1-9　循法

（2）刮法：取 1.5 寸毫针，刺阳陵泉或三阴交，拇（或食）指抵住针尾，用食（或拇）指指甲轻刮针柄。也可食（或拇）、中指挟持针尾，用拇（或食）指指甲自下而上轻刮针柄，或拇、中指夹住针根，食指指甲自上而下轻刮针柄。刮针时手指关节要灵活，用力要均匀，针体不能移位（图 1-10）。

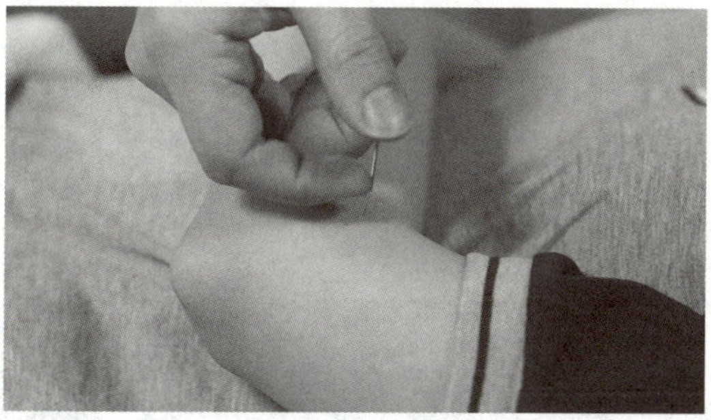

图 1-10　刮法

（3）弹法：取 1.5 寸毫针，刺大肠俞、阴陵泉，拇、食指相交，用食指对准刺入穴内的针柄尾部轻轻弹击，使针体微微震颤。弹法一般在留针时轻轻弹击 7～10 次，不可过猛、过频。要求针刺入一定的深度，太浅容易弹出；一般用食指弹针，拇指力量太大，不好掌握，容易将针弹出（图 1-11）。

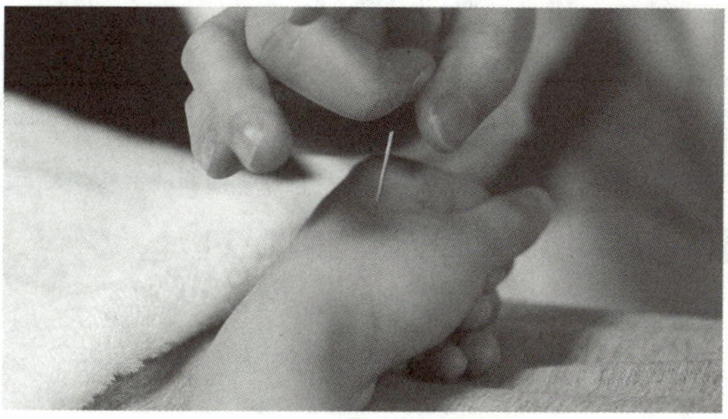

图 1-11　弹法

（4）飞法：取 1.5 寸毫针，刺支沟或孔最，拇、食指第一节桡侧执持针柄，将针柄搓捻，一搓一放，搓时拇指向前，放时拇指向后，反复进行。针体不能上提。飞法要缓慢均匀施术，防止过猛引起疼痛滞针。飞法是辅助手法中较高层次的一种，要求施术者的针刺手法熟练，基本功要扎实，平时要加强练习（图 1-12）。

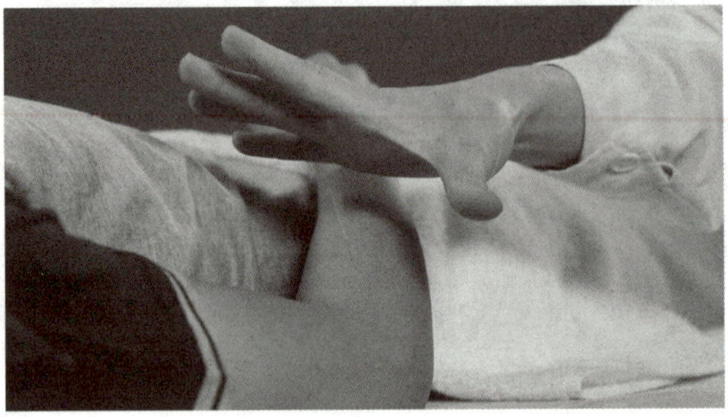

图 1-12　飞法

（5）颤法：取 1 寸毫针，刺尺泽或外关，得气后小幅度、快频率地上下提插，使针身轻微颤动；或小幅度、快频率地捻转提插，使针身颤动。颤法贵在用力轻柔，不宜大幅度颤动、震摇（图 1-13）。

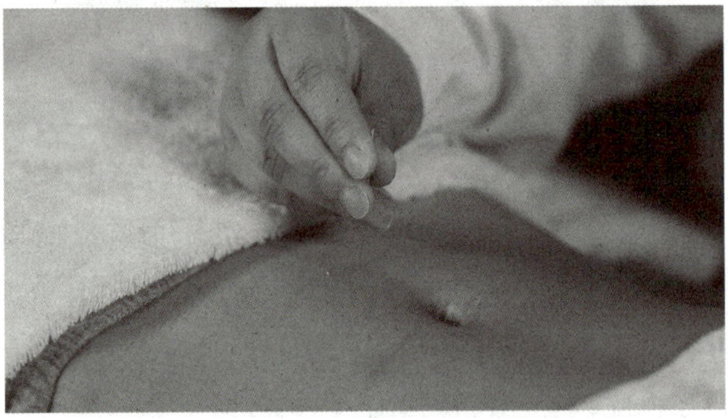

图 1-13　颤法

（6）摇法：取 1.5 寸毫针，刺曲池或合谷，针刺入一定深度后，手持针柄，将针轻轻摇动。或边摇边退，使针孔扩大。本法动作幅度较大，有“泻”的作用，可开大针孔，泻实清热，虚证、寒证忌用（图 1-14）。

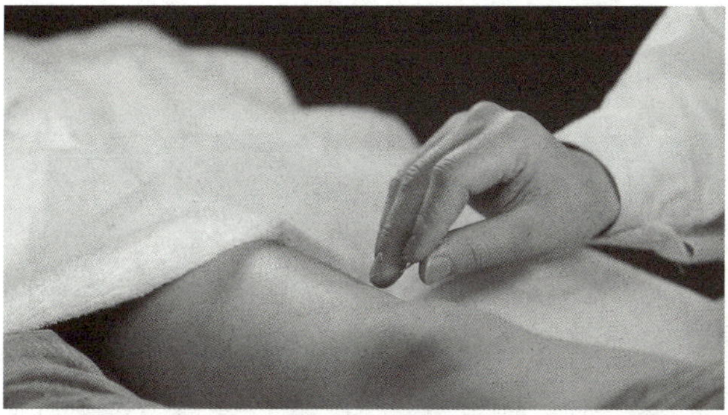

图 1-14　摇法

（7）盘法：取 1.5 寸毫针，刺天枢或关元，将针刺入深部得气后提至浅部，将针身倾斜与皮肤呈 40°角，似推磨式作圆形盘转 3 ～ 5 周。盘转时不宜过快，要自然、灵活，防止过快出现滞针弯针。主要用于腹部等肌肉松弛部位，肌肉紧张部位不宜作盘法（图 1-15）。

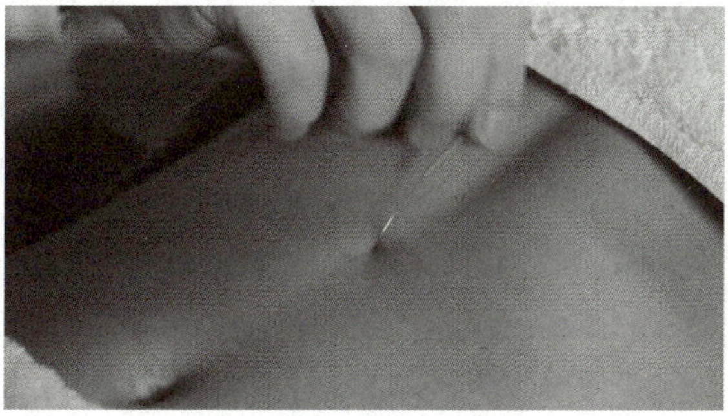

图 1-15　盘法

（8）弩法：取 1.5 寸毫针，刺丰隆或曲池，针刺得气后，拇、食、中二指将针扳倒，使针身弯曲成弓弩之状。欲使针感向上（前）传导，则将针向下（后）按；欲使针感向下（后）传导，则将针向上（前）按。注意针尖方向必须朝向病所，并在得气、守气基础上施术（图 1-16）。

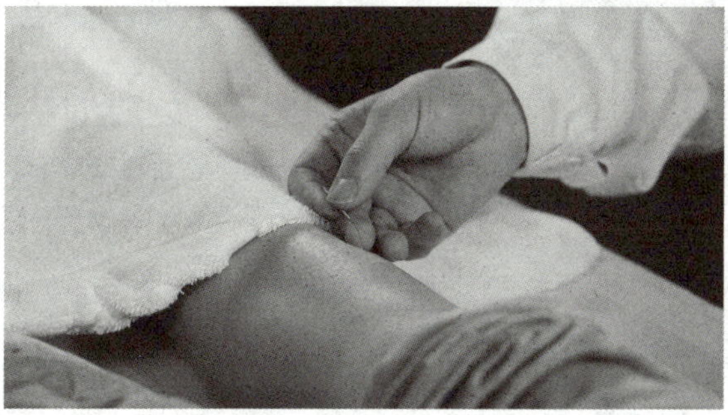

图 1-16　弩法

（9）搜法：取1.5寸毫针，刺手三里或承山，针刺不得气时，将针提到皮下，上下左右搜寻针感（图1-17）。

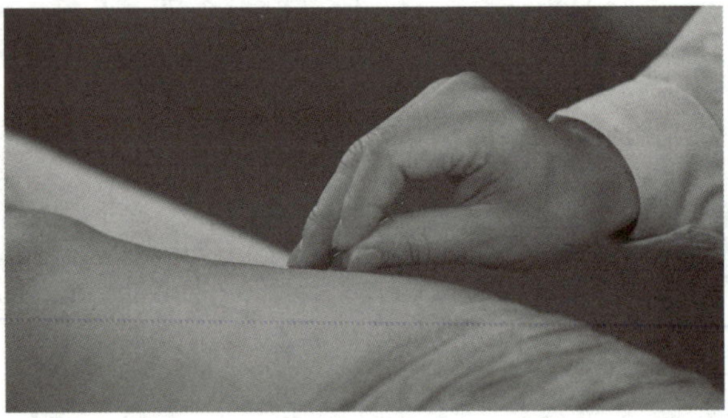

图1-17　搜法

三、补泻手法

（一）单式补泻手法

【物品准备】

毫针（1.5寸）、污物盘、消毒平镊、消毒干棉球、75%乙醇棉球。

【操作步骤】

（1）安排体位

（2）准备针具、75%乙醇棉球

（3）定穴与消毒

（4）进针、行针和补泻

（5）出针

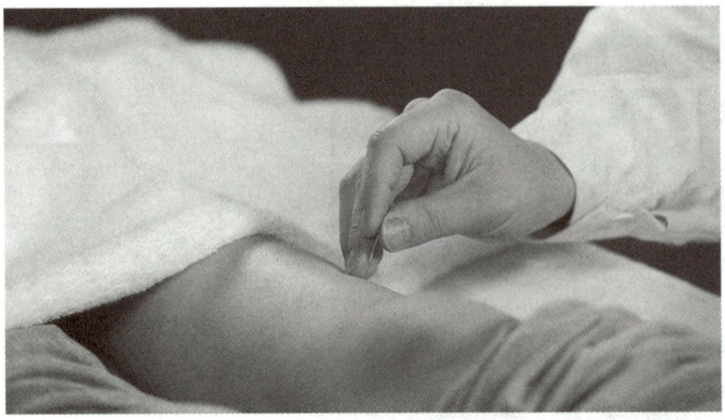

图1-18　提插补法

【操作要点】

（1）提插补法，提插泻法：取1.5寸毫针进针，得气后行针。

补法：以小幅度提插，重插轻提（慢提急按）。下插时用力重，速度快；上提时用力轻，速度慢（图1-18）。

泻法：进针得气后在得气处小幅

度提插，重提轻插（急提慢按）。上提时用力重，速度快；下插时用力轻，速度慢（图 1-19）。

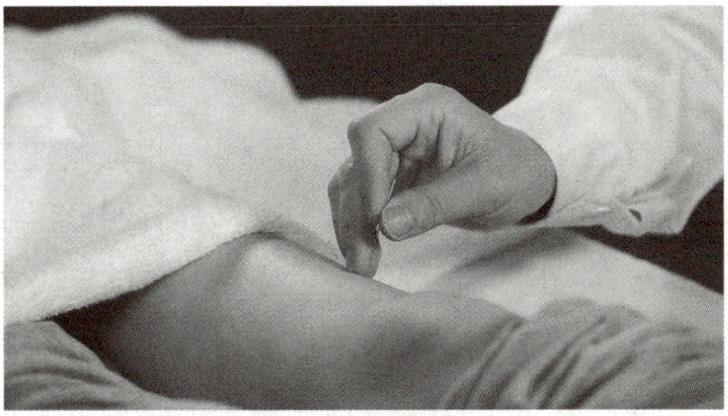

图 1-19　提插泻法

（2）捻转补法，捻转泻法：取 1.5 寸毫针进针，得气后行针。

补法：进针，得气后，拇指向前顺时针用力捻转，拇指向后逆时针捻转时用力轻，反复操作（图 1-20）。

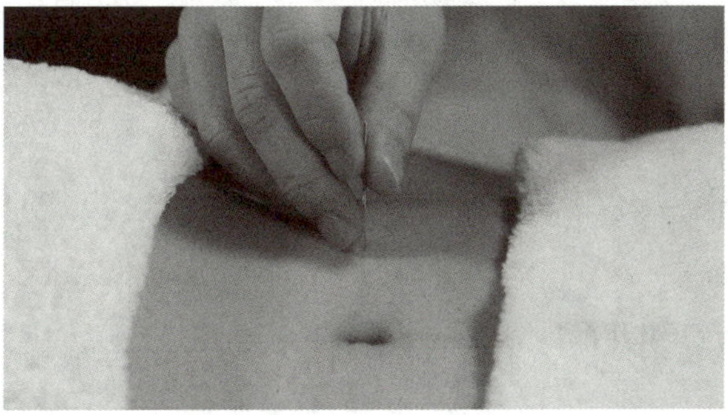

图 1-20　捻转补法

泻法：进针得气后，拇指向后右转时用力重（指力浮起向上），拇指向前左转还原时用力轻，反复操作（图 1-21）。

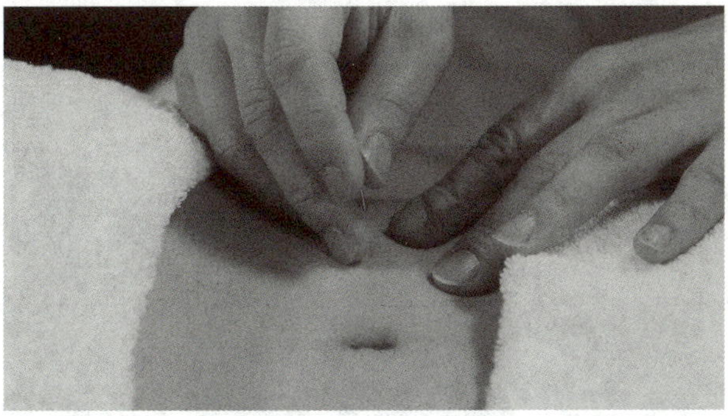

图 1-21　捻转泻法

【操作穴位】

曲池、合谷、足三里、三阴交。

【注意事项】

（1）提插补泻与行针法中的提插法应区别开来，提插法要求上提下插的幅度、频率一致，用力均匀；而提插补泻法的用力、频率都有明显区别。

（2）注意针体还原，防止因捻转角度过大、用力过重、频率太快时，造成肌肉缠针而滞针。捻转补泻应与捻转法区别开来。捻转法是行针的基本手法，用力、角度、频率均匀一致，而捻转补泻法的用力、频率都有明显区别。

（二）复式补泻手法

【物品准备】

毫针（1.5 寸）、污物盘、消毒平镊、消毒干棉球、75% 乙醇棉球。

【操作步骤】

（1）安排体位
（2）准备针具、75% 乙醇棉球
（3）定穴与消毒
（4）进针、行针和补泻
（5）出针

【操作要点】

（1）烧山火：取 1.5 寸毫针进针，将穴位的深度分浅、中、深三层或浅、深两层。进针后，行针先浅后深，依次在每一层紧按慢提（或捻转） 九数，称之为一度（图 1-22）。

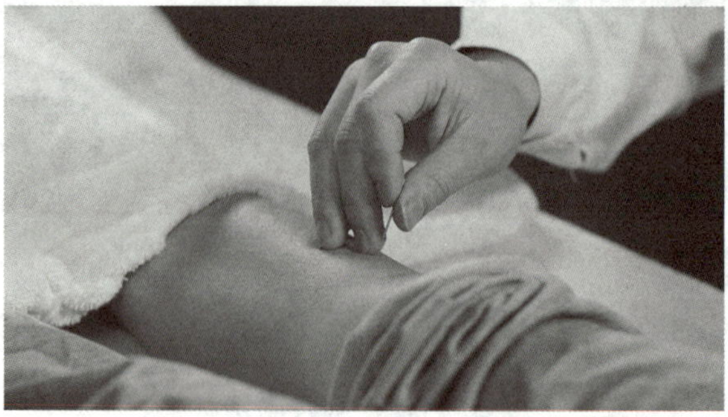

图 1-22 烧山火

（2）透天凉：取1.5寸毫针进针，将穴位的深度分浅、中、深三层或浅、深两层。进针后，行针先浅后深，依次在每一层紧提慢按（或捻转）六，称之为一度（图1-23）。

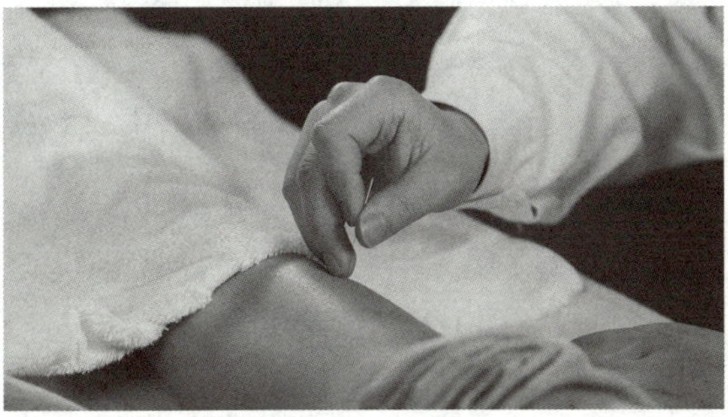

图1-23　透天凉

【操作穴位】

足三里、丰隆。

【注意事项】

一般用于肌肉丰厚的部位。施术适可而止，不可强求凉感，一般不超过三度。如果出现热感或凉感，应结束操作。施术时病人应细心体会针感，医者不可暗示。

（三）飞经走气法

【物品准备】

毫针（1.5寸）、污物盘、消毒平镊、消毒干棉球、75%乙醇棉球。

【操作步骤】

（1）安排体位
（2）准备针具、75%乙醇棉球
（3）定穴与消毒
（4）进针、行针和补泻
（5）出针

【操作要点】

（1）青龙摆尾：斜刺，先浅后深，针尖指向病所，针尾左右摆动结合下按动作，有如手扶船舵左右以正航向（图 1-24）。

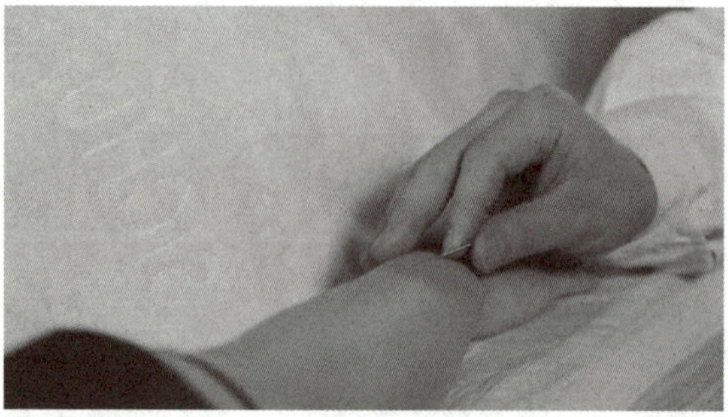

图 1-24 青龙摆尾

（2）白虎摇头：针直刺到深部，得气后针快速左右摇动，如摇铃般，一边摇动，一边提针，同时，押手按压于病所相反一端，使其关闭（图 1-25）。

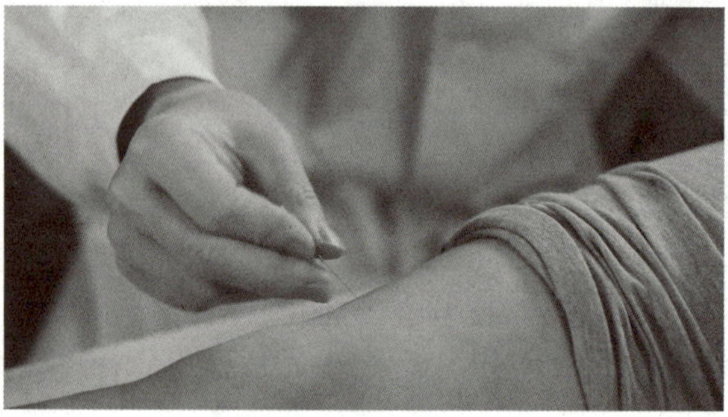

图 1-25 白虎摇头

（3）苍龟探穴：针刺入穴位后，先退至浅层，然后调整针尖方向，向上、下、左、右作多向透刺（图 1-26）。

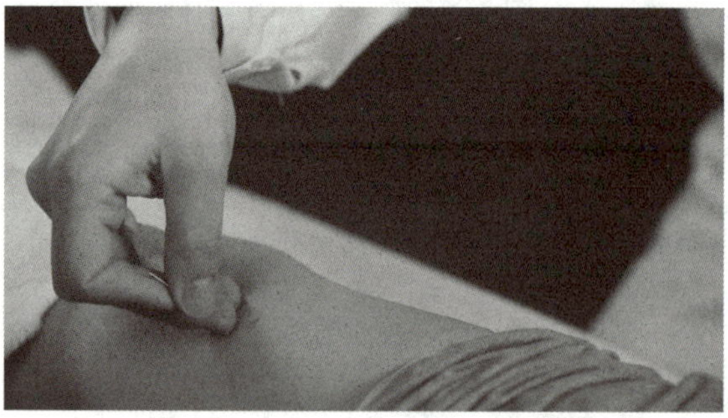

图 1-26 苍龟探穴

（4）赤凤迎源：针刺入深部后，再提至浅层，得气后进入中层，进行提插、捻转，二捻一放（图 1-27）。

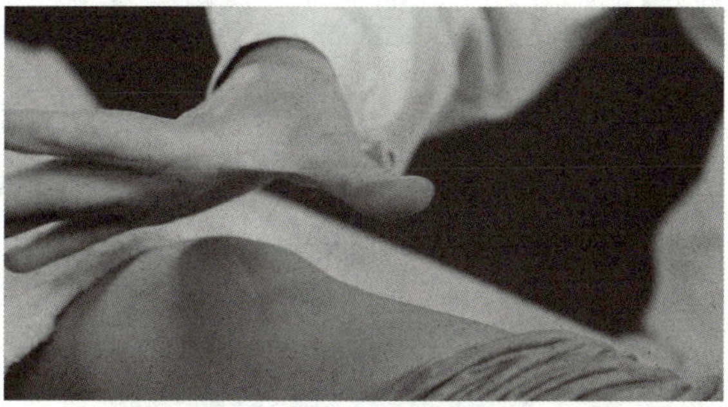

图 1-27　赤凤迎源

【操作穴位】

外关、梁丘、丰隆、血海。

第2章 灸 法

一、艾炷灸法

（一）直接灸

【物品准备】

细艾绒、猪皮、消毒平镊、消毒干棉球、75%乙醇棉球、火柴、线香、凡士林、污物盘。

【操作步骤】

（1）安排体位

（2）制作艾炷、准备猪皮

（3）定穴与消毒

（4）施灸

（5）灭灸

【操作要点】

（1）瘢痕灸：先将施灸部位（可用猪皮代替）涂以少许凡士林，再将艾炷放于该部位，用线香点燃后施灸。每壮艾炷必须燃尽除去灰烬后，易炷再灸，灸至起疱为度（图2-1）。

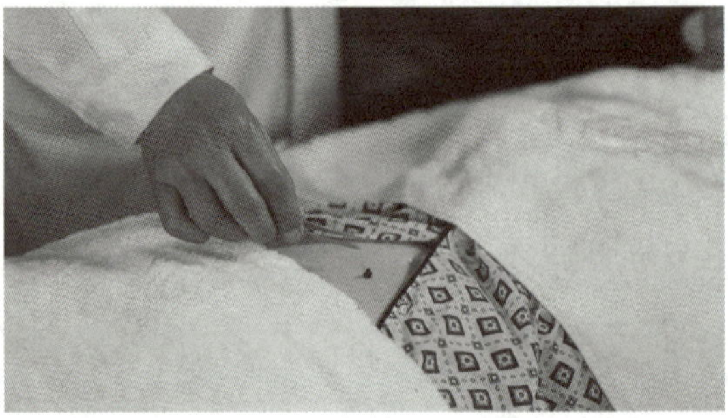

图2-1 瘢痕灸法

（2）无瘢痕灸：先将施灸部位涂以少量凡士林，再将艾炷放上，用线香点燃后施灸。当艾炷燃到3/5或3/4时，患者感到微有灼热痛，易炷再灸，至局部皮肤出现红晕而不起疱为度（图 2-2）。

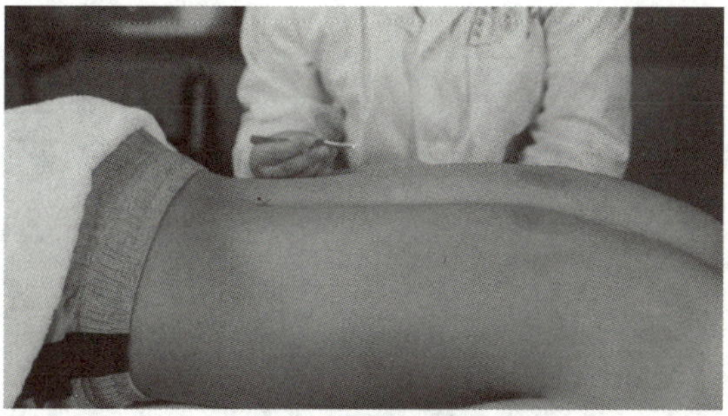

图 2-2　无瘢痕灸法

【操作穴位】

气海、命门。

【注意事项】

（1）对颜面、五官和大血管关节活动部位，不宜采用瘢痕灸。

（2）注意用火安全，艾火勿烧伤皮肤或衣物。

（3）用过的艾条放入灭灸器内，未燃尽的艾绒或其他材料应装入专门的容器内，并盖严以防复燃。

（二）间接灸

【物品准备】

细艾绒、生姜、食盐、纱布、药粉、三棱针、消毒平镊、消毒干棉球、75% 乙醇棉球、火柴、线香、污物盘。

【操作步骤】

（1）安排体位

（2）制作艾炷、姜片、药饼，准备食盐

（3）定穴与消毒

（4）施灸

（5）灭灸

【操作要点】

（1）隔姜灸：先将直径 2 ～ 3cm 的生姜切成厚 0.2 ～ 0.3cm 的薄片，用三棱针刺上数孔，放置在施灸部位上，再将艾炷放上，用线香点燃后施灸。当艾炷燃尽，易炷再灸，至局部皮肤出现红晕而不起疱为度（图 2-3）。

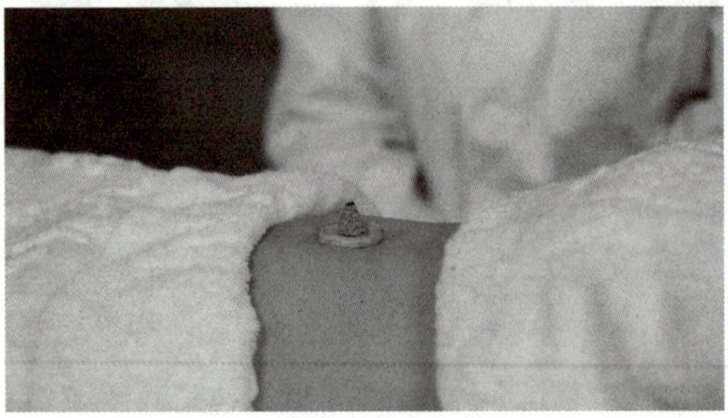

图 2-3　隔姜灸法

（2）隔盐灸：置纱布于脐，将干燥食盐填于脐部，或在盐上放一片薄姜片，将艾炷放置在姜片上用线香点燃后施灸。当艾炷燃尽，易炷再灸，直至病情需要壮数为止（图 2-4）。

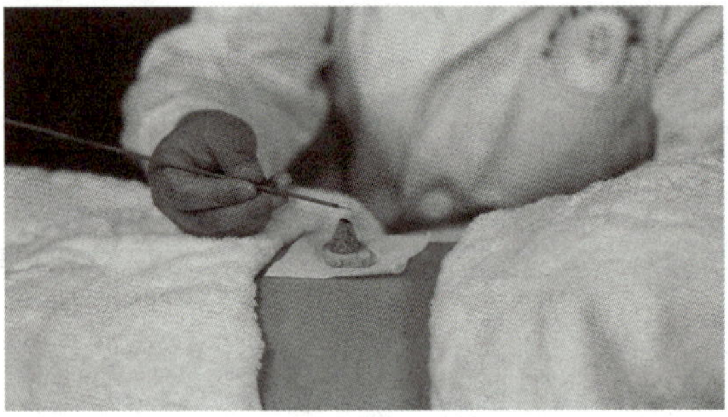

图 2-4　隔盐灸法

（3）隔药饼灸：先用酒把药粉调和成直径约 3cm、厚约 0.8cm 的饼，再用三棱针在中间刺上数孔，放置在施灸部位上，最后将艾炷放上，用线香点燃后施灸。当艾炷燃尽，易炷再灸，直至灸完规定壮数为止（图 2-5）。

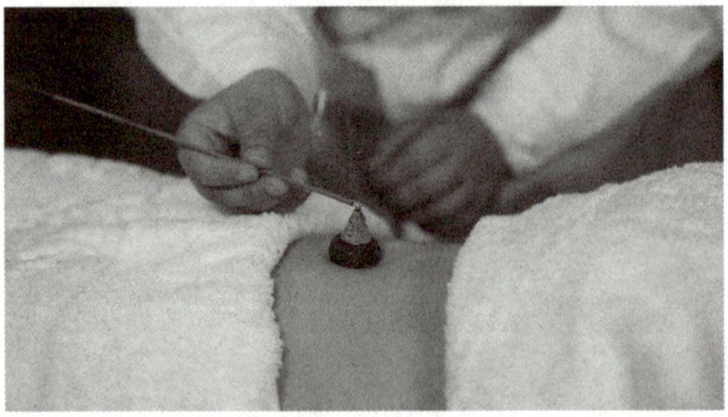

图 2-5　隔药饼法

【操作穴位】

隔姜灸选天枢，隔盐灸选神阙，隔药饼灸选关元。

【注意事项】

（1）注意用火安全，艾火勿烧伤皮肤或衣物。

（2）用过的艾条放入灭灸器内，未燃尽的艾绒或其他材料应装入专门的容器内，并盖严以防复燃。

二、艾条灸法

（一）悬灸

【物品准备】

艾条、火柴、酒精灯、灭灸器、污物盘。

【操作步骤】

（1）安排体位

（2）定穴

（3）施灸

（4）灭灸

【操作要点】

（1）温和灸：将点燃的艾条端对准施灸部位，距离皮肤 2 ～ 3cm，使局部有温热感而无灼痛为宜。一般每处施灸 10 ～ 15 分钟，以皮肤出现红晕为度。对于小儿、昏厥或局部知觉迟钝的患者，医者应以中、食二指分张，置于施灸部位的两侧，感知患者局部的受热程度，以便随时调节施灸的距离，防止烫伤（图 2-6）。

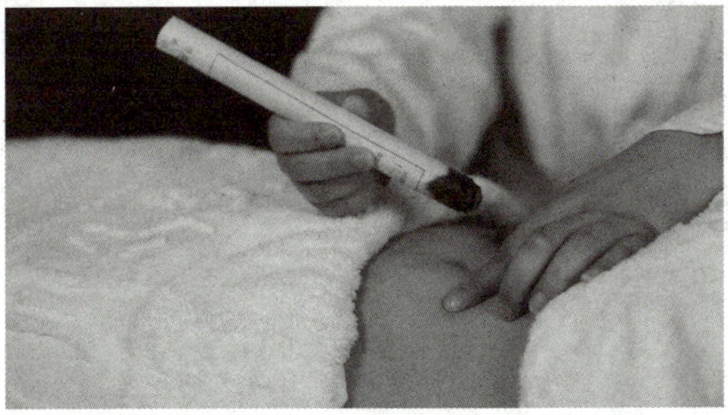

图 2-6　温和灸法

（2）雀啄灸：将点燃的艾条端对准施灸部位，进行上下移动，犹如鸟雀啄食一般（图 2-7）。

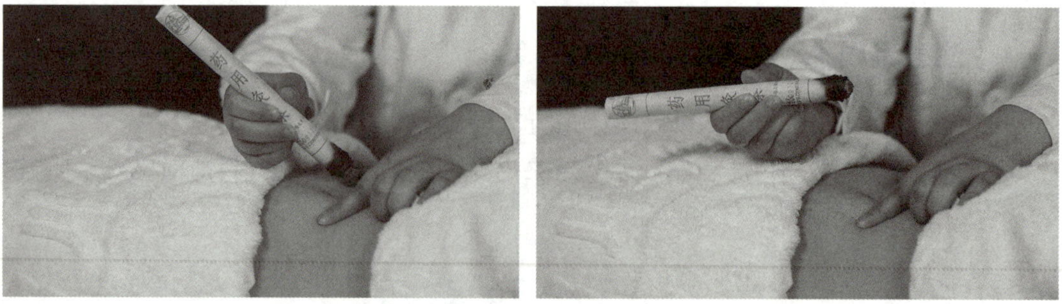

图 2-7　雀啄灸法

（3）回旋灸：将点燃的艾条端对准施灸部位，保持一定的距离，均匀地反复回旋施灸（图 2-8）。

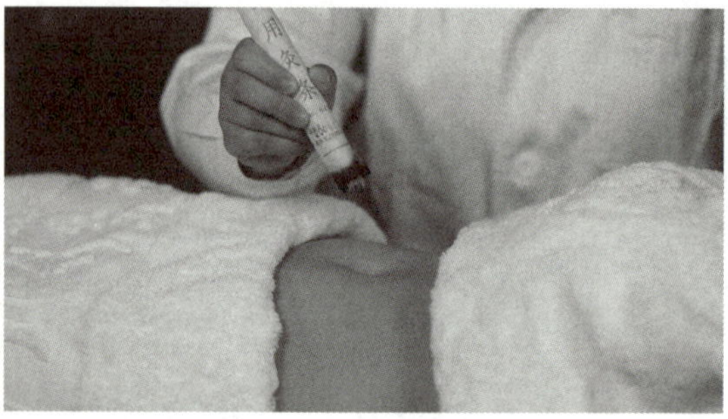

图 2-8　回旋灸法

【操作穴位】

温和灸选曲池，雀啄灸选外关，回旋灸选中脘。

【注意事项】

（1）注意用火安全，艾火勿烧伤皮肤或衣物。

（2）用过的艾条放入灭灸器内，未燃尽的艾绒或其他材料应装入专门的容器内，并盖严以防复燃。

（二）实按灸

【物品准备】

太乙针（或雷火针）、棉布、火柴、酒精灯、灭灸器、污物盘。

【操作步骤】

（1）安排体位
（2）定穴
（3）施灸
（4）灭灸

【操作要点】

将太乙针（雷火针）的一端点燃，用7层布包裹，立即紧按于施灸部位，进行灸熨。针冷则再燃再熨，如此反复7～10次为度（图2-9）。

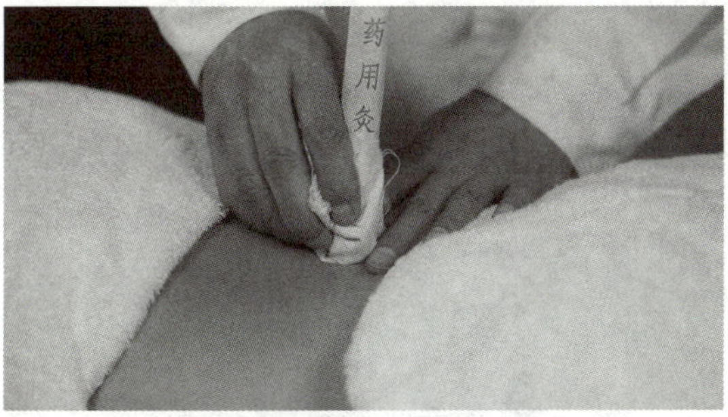

图2-9 实按灸法

【操作穴位】

前臂内侧。

【注意事项】

（1）注意用火安全，艾火勿烧伤皮肤或衣物。
（2）用过的艾条放入灭灸器内，未燃尽的艾绒或其他材料应装入专门的容器内，并盖严以防复燃。

三、其他灸法

（一）温针灸

【物品准备】

艾条、艾绒、毫针（1.5寸，2寸）、消毒平镊、消毒干棉球、75%乙醇棉球、火柴、线香、酒精灯、污物盘。

【操作步骤】

（1）安排体位

（2）定穴与消毒

（3）针刺与施灸

（4）除灰与出针

【操作要点】

将毫针刺入腧穴得气后并给予适当补泻手法留针时，将艾绒捏在针尾上，或将一段长约2cm的艾条插在针柄上，用线香点燃后施灸。待艾绒或艾条燃完后除去灰烬，将针取出（图2-10）。

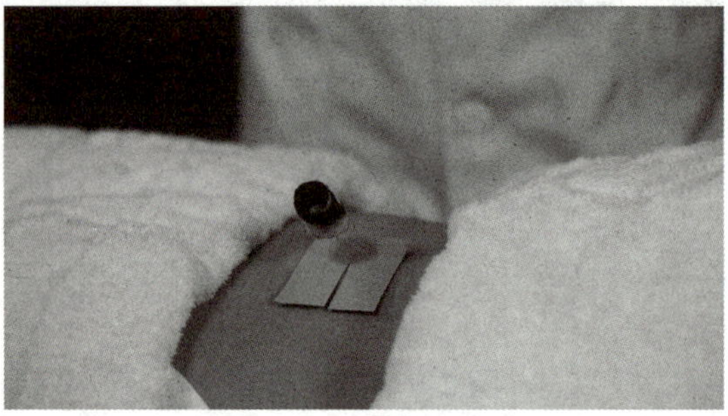

图2-10　温针灸法

【操作穴位】

足三里。

【注意事项】

（1）为防烫伤，应在毫针下方的施灸部位垫一纸片。

（2）注意用火安全，艾火勿烧伤皮肤或衣物。

（3）用过的艾条放入灭灸器内，未燃尽的艾绒或其他材料应装入专门的容器内，并盖严以防复燃。

（二）温灸器灸

【物品准备】

艾条、艾绒、温灸筒、温灸盒、消毒平镊、消毒干棉球、75%乙醇棉球、火柴、酒精灯、污物盘。

【操作步骤】

（1）安排体位

（2）定穴

（3）施灸

（4）除灰

【操作要点】

将艾绒装入温灸盒或温灸筒，点燃后将盒盖或筒盖扣好，置于施灸部位，进行熨灸，直至施灸部位皮肤发红为度（图 2-11）。

图 2-11　温灸器灸法

【操作穴位】

神阙。

【注意事项】

（1）注意用火安全，艾火勿烧伤皮肤或衣物。

（2）用过的艾条放入灭灸器内，未燃尽的艾绒或其他材料应装入专门的容器内，并盖严以防复燃。

（三）灯火灸

【物品准备】

灯心草、麻油、消毒平镊、消毒干棉球、75% 乙醇棉球、火柴、污物盘。

【操作步骤】

（1）安排体位

（2）定穴与消毒

（3）施灸

（4）清洁局部

【操作要点】

将长约 10 ～ 15cm 的灯心草，在麻油中浸入 3 ～ 4cm，取出点燃，对准腧穴快速点灸，迅速离开（图 2-12）。

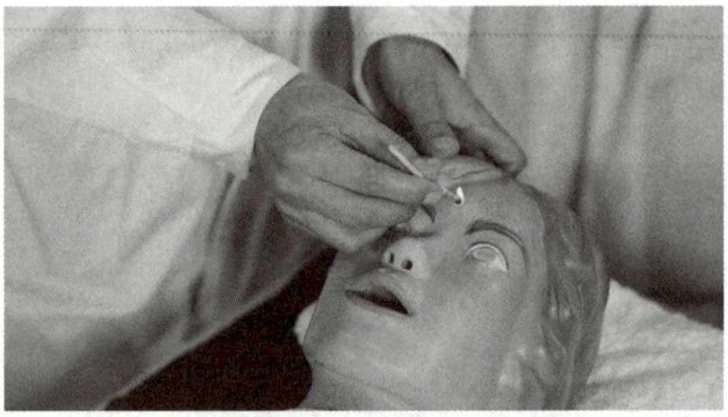

图 2-12 灯火灸法

【操作穴位】

耳尖。

（四）天灸

【物品准备】

白芥子粉、水、消毒平镊、消毒干棉球、75% 乙醇棉球、污物盘。

【操作步骤】

（1）安排体位

（2）定穴

（3）施灸

（4）清洁局部

【操作要点】

用水将白芥子粉调和至糊膏状，约五角硬币大小，敷贴于腧穴或患处。利用其较强的刺激作用，大约 1 ～ 3 小时，敷贴部位发痒发红灼痛，即可取下。

【操作穴位】

天突或肺俞。

【注意事项】

敷贴时间不可过长，以免起泡。

第3章　罐　　法

一、吸拔方法

（一）火罐法

【物品准备】

玻璃罐、酒精灯、95% 乙醇棉球、75% 乙醇棉球、消毒干棉球、消毒棉签、镊子、止血钳、火柴、纸条等。

【操作步骤】

（1）选择体位

（2）选择罐具

（3）吸拔

（4）起罐

【操作要点】

（1）闪火法：用止血钳夹 95% 的乙醇棉球点燃后，在罐内中段绕 1 ～ 2 圈或稍作短暂停留后抽出，罐口与皮肤成 45° 角，迅速将火罐扣在应拔部位上。起罐时用左手握住火罐，右手拇指或食指从罐口旁边按压，使气体进入罐内，将罐取下（图 3-1）。

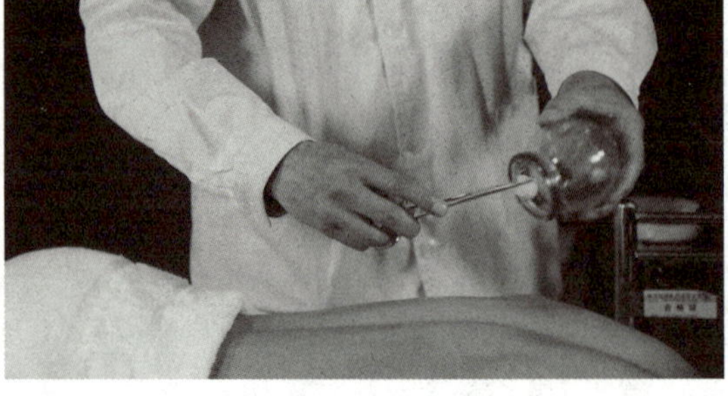

图 3-1　闪火法

（2）投火法：用酒精棉签或纸条（直径与罐口大小一致）点燃后，投入罐内，不等酒精棉签或纸条烧完，迅速将罐扣在应拔的部位上（图 3-2）。

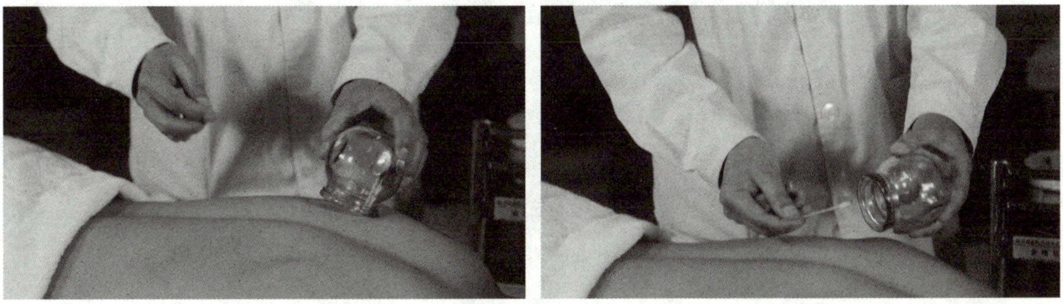

图 3-2　投火法

【操作穴位】

背部。

【注意事项】

（1）注意勿灼伤或烫伤皮肤。

（2）起罐时，若罐吸附过强时，切不可用力猛拔，以免擦伤皮肤。

（二）水罐法（煮罐）

【物品准备】

竹罐、不锈钢盆、电磁炉、毛巾、平镊。

【操作步骤】

（1）选择体位

（2）选择罐具

（3）煮罐

（4）吸拔

（5）起罐

【操作要点】

选用 5 ～ 10 枚竹罐，放在锅内，加水煮沸，然后用镊子将竹罐（罐口朝下）挟出，迅速用冷湿毛巾紧扪罐口，待罐口稍降温，随即将罐扣在应拔部位，继续用湿毛巾裹住罐周降温，维持几秒钟即拔稳（图 3-3）。

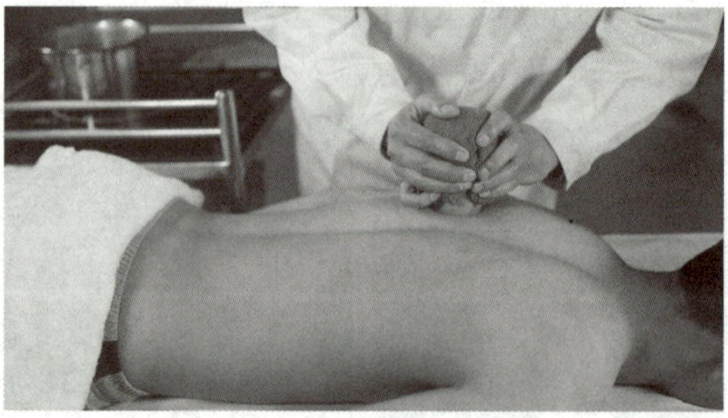

图 3-3　水罐法

【操作穴位】

背部。

【注意事项】

防止烫伤

（三）抽气法

【物品准备】

抽气罐

【操作步骤】

（1）选择体位
（2）选择罐具
（3）吸拔
（4）起罐

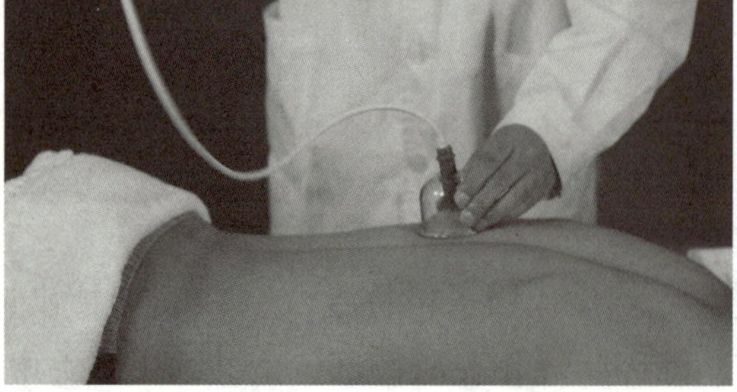

图 3-4　抽气法

【操作要点】

用抽气筒套在塑料杯罐活塞上，将罐扣在应拔部位，将空气抽出，即吸拔在选定的部位上（图 3-4）。

【操作穴位】

背部。

二、行　罐　法

（一）留罐（坐罐）

【物品准备】

玻璃罐、酒精灯、95% 乙醇棉球、凡士林、止血钳、火柴。

【操作步骤】

（1）选择体位
（2）选择罐具
（3）吸拔
（4）留罐
（5）起罐

【操作要点】

将罐吸附在体表后，使罐子吸拔留置于施术部位，待皮肤充血（5 ～ 10 分钟），然后将罐起下（图 3-5）。

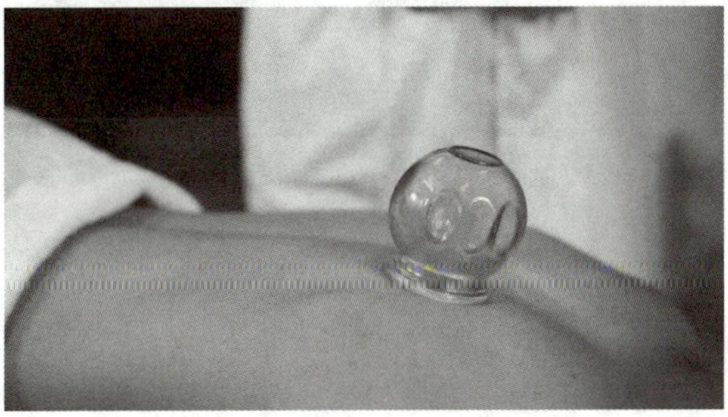

图 3-5　留罐

【操作穴位】

背部。

【注意事项】

（1）注意勿灼伤或烫伤皮肤。
（2）起罐时，若罐吸附过强时，切不可用力猛拔，以免擦伤皮肤。

（二）走罐（推罐）

【物品准备】

玻璃罐、酒精灯、95% 乙醇棉球、凡士林、止血钳、火柴。

【操作步骤】

（1）选择体位
（2）选择罐具
（3）吸拔与走罐
（4）起罐

【操作要点】

拔罐时先在所拔部位的皮肤或罐口，涂一层凡士林，再将罐拔住，然后，医者手握罐子，向上、下或左、右往返推动，至所拔部位皮肤红润、充血，再将罐起下（图 3-6）。

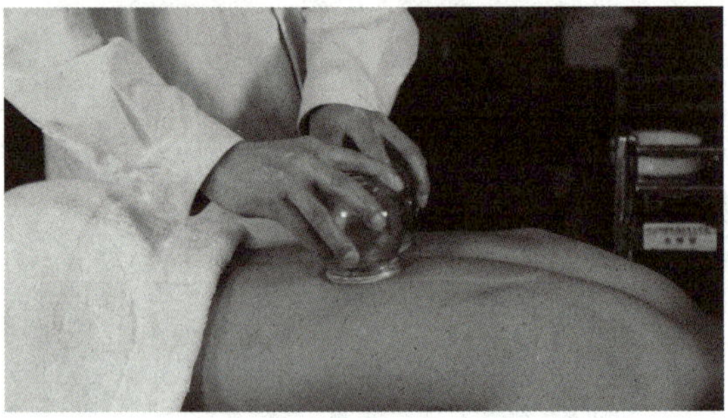

图 3-6　走罐

【操作穴位】

背部。

【注意事项】

（1）注意勿灼伤或烫伤皮肤。
（2）起罐时，若罐吸附过强时，切不可用力猛拔，以免擦伤皮肤。

（三）闪罐

【物品准备】

玻璃罐、酒精灯、95% 乙醇棉球、凡士林、止血钳、火柴。

【操作步骤】

（1）选择体位
（2）选择罐具
（3）闪罐

【操作要点】

将罐拔住后，立即起下，如此反复多次地拔住起下，直至皮肤潮红、充血（图3-7）。

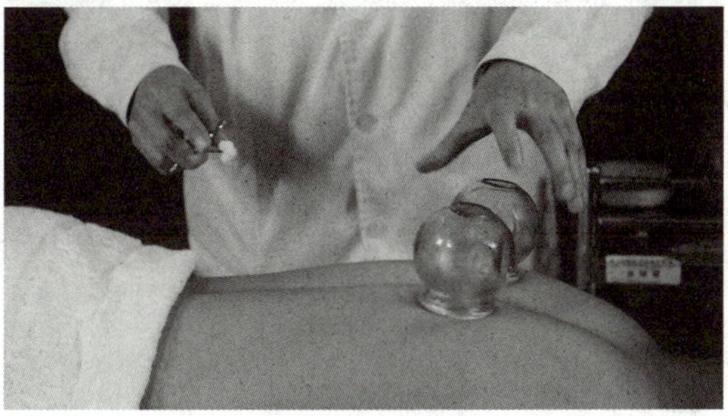

图3-7 闪罐

【操作穴位】

背部。

【注意事项】

（1）注意勿灼伤或烫伤皮肤。
（2）起罐时，若罐吸附过强时，切不可用力猛拔，以免擦伤皮肤。

（四）针罐

【物品准备】

毫针（1寸，1.5寸）、75%乙醇棉球、95%乙醇棉球、消毒干棉球、平镊、玻璃罐、酒精灯、止血钳、火柴。

【操作步骤】

（1）选择体位
（2）毫针刺入

（3）拔罐与留罐

（4）起罐与起针

【操作要点】

针刺留针时，将罐拔在以针为中心的部位上，约 5 ～ 10 分钟，待皮肤红润、充血时，将罐起下，然后将针起出（图 3-8）。

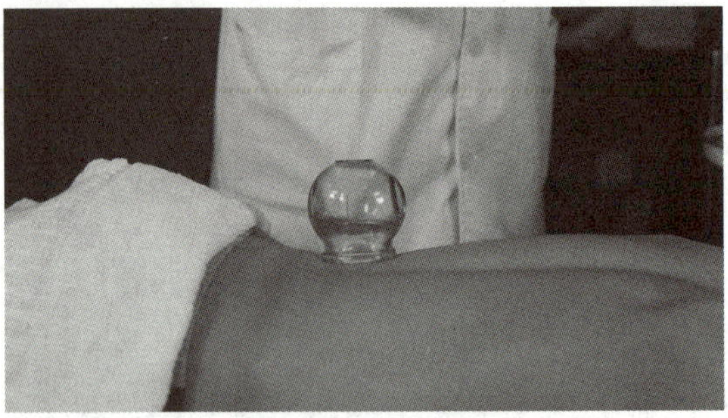

图 3-8 针罐

【操作穴位】

背部。

【注意事项】

（1）注意勿灼伤或烫伤皮肤。

（2）起罐时，若罐吸附过强时，切不可用力猛拔，以免擦伤皮肤。

第4章 三棱针法

一、点刺穴位

【物品准备】

大、小号三棱针，碘伏，75 % 乙醇棉球，消毒干棉球，平镊，污物盘。

【操作步骤】

（1）安排体位

（2）术者消毒

（3）准备针具、碘伏、75% 乙醇棉球

（4）定穴与消毒

（5）点刺

（6）挤出血液或者液体

（7）干棉球压迫止血

【操作要点】

（1）持针姿势：以右手持针，用拇、食两指捏住针柄中段，中指指腹紧靠针身，露出针尖 2 ～ 3mm。

（2）点刺：针刺前，先在点刺部位的上下推按，使其充血。消毒后，左手固定点刺部位，右手持针快速直刺 2 ～ 3mm，快进快出。点刺后反复挤压推按，使出血数滴，或者挤出少许液体，然后用消毒干棉球及时擦去血液或者液体（图 4-1）。

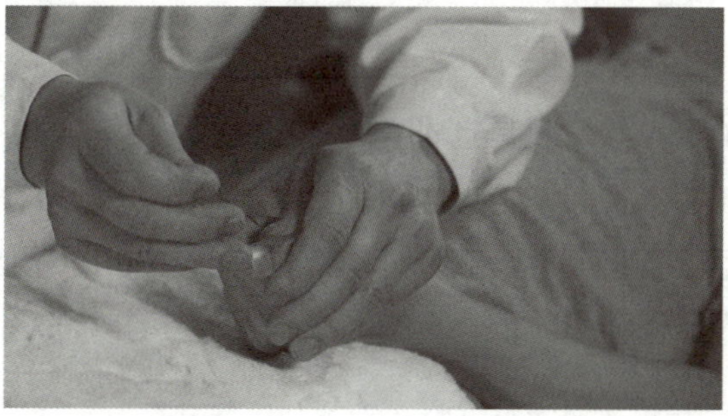

图 4-1　点刺穴位法

【操作穴位】

少商、商阳、中冲。

【注意事项】

（1）操作前要对病人做好解释和安慰工作，争取医患双方的配合。
（2）持针必须稳，取穴准，点刺动作轻快，深浅适中。
（3）操作完成后要保护好创口，预防感染。

【应用举例】

（1）目赤肿痛：点刺太阳、耳尖。
（2）咽喉肿痛：点刺少商、商阳。
（3）头痛：点刺太阳、印堂。

二、点刺血络

【物品准备】

大、小号三棱针，碘伏，75%乙醇棉球，消毒干棉球，平镊，止血带，无菌纱布，医用胶布，污物盘。

【操作步骤】

（1）安排体位
（2）术者消毒
（3）准备针具、碘伏、75%乙醇棉球
（4）定穴与消毒
（5）点刺出血
（6）干棉球压迫止血

【操作要点】

先找准要点刺的血络（一般是迂曲的小静脉），在其上方扎上止血带，然后消毒。右手持针点刺血络，使针体与小静脉呈45°角左右，针尖朝上，快进快出。出血至血液颜色变为正常即可，一般一次出血5～10ml，若出血不畅可拔罐。最后用消毒干棉球擦拭干净血迹，取下止血带，敷上无菌纱布，胶布固定，防止感染（图4-2）。

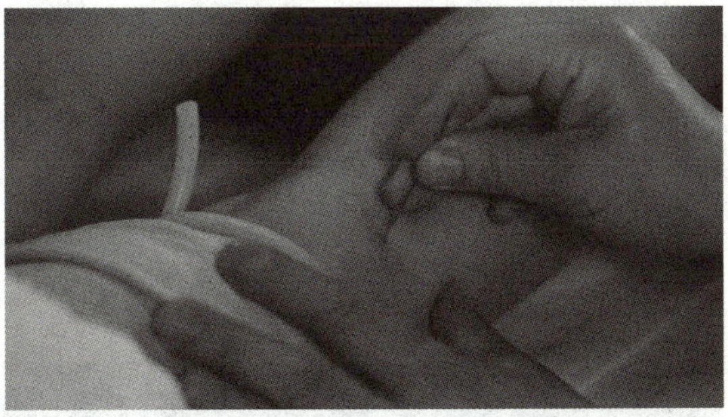

图 4-2　点刺血络法

【操作穴位】

委中、尺泽。

【注意事项】

（1）操作前要对病人做好解释和安慰工作，争取医患双方的配合。

（2）持针必须稳，点刺动作轻快，深浅适中。

（3）操作完成后要盖上无菌纱布，胶布固定，保护好创口，预防感染。

【应用举例】

（1）中暑：曲泽、委中刺络。

（2）急性腰扭伤：委中刺络。

三、散 刺 法

【物品准备】

大、小号三棱针，碘伏，75 % 乙醇棉球，消毒干棉球，平镊，污物盘。

【操作步骤】

（1）安排体位

（2）术者消毒

（3）准备针具、碘伏、75% 乙醇棉球

（4）定穴与消毒

（5）点刺出血，拔罐

（6）干棉球压迫止血

【操作要点】

常规消毒皮肤后，右手持针，以病变部位为中心，由外环向中心行环状垂直点刺，快进快出，根据病变部位的大小，一般连续点刺 10 ～ 20 针。针后可拔罐。最后用无菌镊子持消毒干棉球，擦拭干净血迹，敷上无菌纱布，胶布固定，防止感染（图 4-3）。

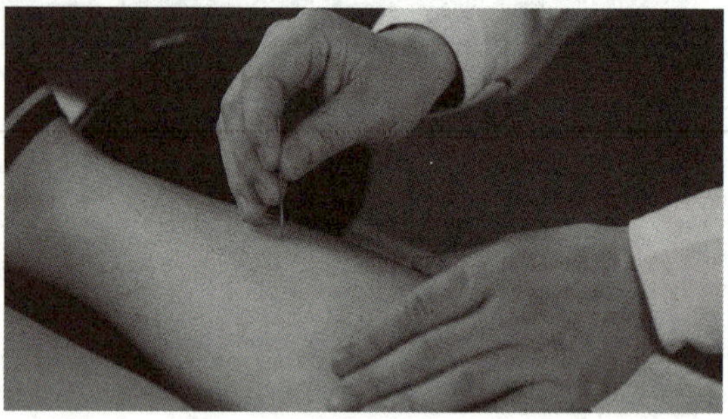

图 4-3　散刺法

【操作穴位】

任意部位。

【注意事项】

（1）操作前要对病人做好解释和安慰工作，争取医患双方的配合。
（2）持针必须稳，点刺动作轻快，深浅适中。
（3）操作完成后要盖上无菌纱布，胶布固定，保护好创口，预防感染。

【应用举例】

（1）顽癣：病灶周围散刺。
（2）陈旧性软组织损伤：阿是穴散刺。

第5章　皮肤针法

【物品准备】

软柄皮肤针、硬柄皮肤针、碘伏、75%乙醇棉球、消毒干棉球、平镊，污物盘。

【操作步骤】

（1）安排体位
（2）术者消毒
（3）准备针具、碘伏、75%乙醇棉球
（4）定穴与消毒
（5）叩刺
（6）擦拭血迹，包扎创口

【操作要点】

（1）持针：用右手拇指和中指夹持针柄两侧，食指置于针柄中段的上面，无名指和小指将针柄末端固定于大小鱼际之间（图5-1）。

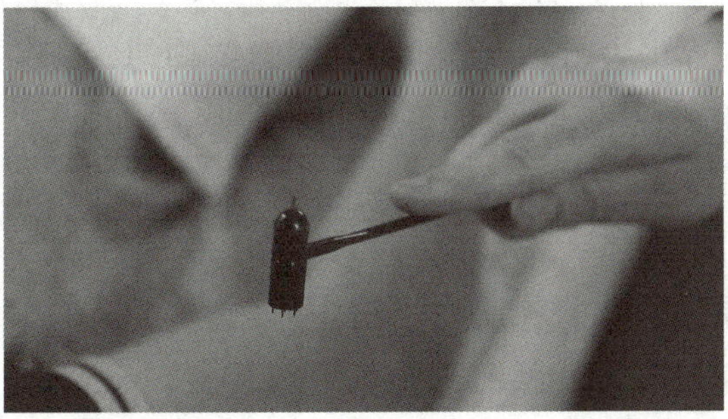

图5-1　皮肤针持针姿势

（2）叩刺方法：针尖对准叩刺部位，运用腕部力量，将针尖垂直叩击皮肤，并立刻弹起，如此反复进行，叩刺速度要一致，密度要均匀，起落要迅速。按照叩刺的部位可分为循经叩刺、穴位叩刺、局部叩刺三种（图5-2）。

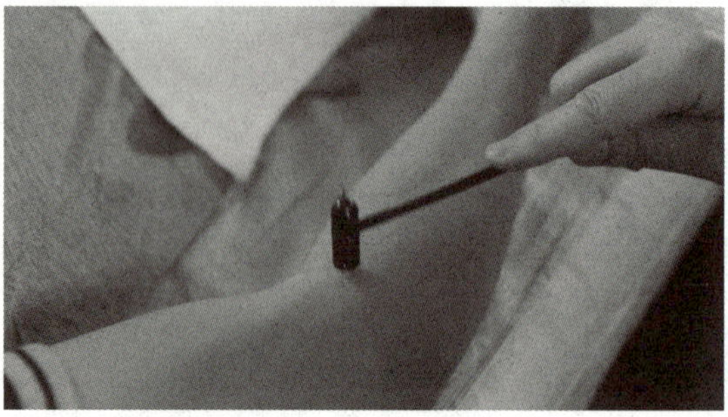

图 5-2　皮肤叩刺

（3）刺激强度：①弱刺激：用较轻的腕力叩刺，冲力小，针尖接触皮肤时间短，局部皮肤略见潮红，患者无疼痛感觉；②强刺激：用较重的腕力叩刺，冲力大，针尖接触皮肤时间稍长，局部皮肤可见出血，患者有明显疼痛感觉，叩刺后可在局部拔火罐，使局部放出适量的血液。然后用消毒干棉球擦干血迹，盖上无菌纱布胶布固定，预防感染。（本法为示教内容）；③中等刺激：叩刺力度介于强、弱刺激之间，冲力中等，局部皮肤潮红，但无出血，患者稍觉疼痛。

【操作穴位】

穴位叩刺选睛明、合谷，经络叩刺选手阳明大肠经，局部叩刺选背部。

【注意事项】

（1）操作前要对病人做好解释和安慰工作，争取医患双方的配合。

（2）要严格消毒，并且所使用的针具最好专人专用，避免交叉感染。

（3）叩刺时要腕部用力带动针柄摆动，用力要均匀，起落要迅速，着力要垂直。

（4）叩刺后，有出血的要盖上无菌纱布，避免感染。

【应用举例】

（1）咳嗽、哮喘：胸夹脊、肺俞、膻中叩刺。

（2）斑秃：局部、项部、腰骶部叩刺。

第6章 皮内针法

【物品准备】

针盘、镊子、持针钳、麦粒型皮内针、图钉型皮内针、75% 乙醇、75% 乙醇棉球，消毒干棉球，医用胶布。

【操作步骤】

（1）安排体位

（2）准备针具、75% 乙醇棉球

（3）定穴与消毒

（4）进针与固定

（5）出针

【操作要点】

（1）麦粒型皮内针法：消毒后，用左手拇、食指撑开绷紧穴位皮肤，右手用镊子或者持针钳夹住针柄，针尖对准穴位将针平刺进入穴位的真皮层。针刺方向一般与穴位所在经络呈十字交叉。针刺入穴位后，在针柄和相应的皮肤之间贴一小块胶布，然后在用一块较大的胶布盖在针柄上固定（图 6-1）。

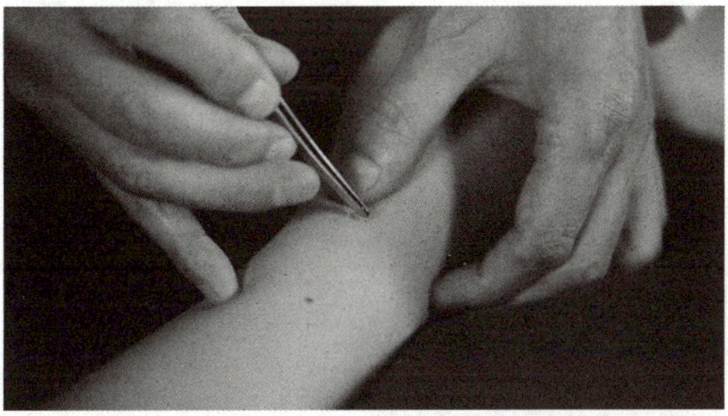

图 6-1 麦粒型皮内针法

（2）图钉型皮内针法：消毒后，用镊子或持针钳夹住针柄，将针尖对准选定的穴位垂直刺入，然后以 10mm × 10mm 的胶布将针柄固定与皮肤。也可以将针柄放在预先剪好的 10mm × 10mm 的胶布上粘住，然后用镊子夹起胶布的一角，针尖对准穴位直刺进入皮肤，并按压固定（图 6-2）。

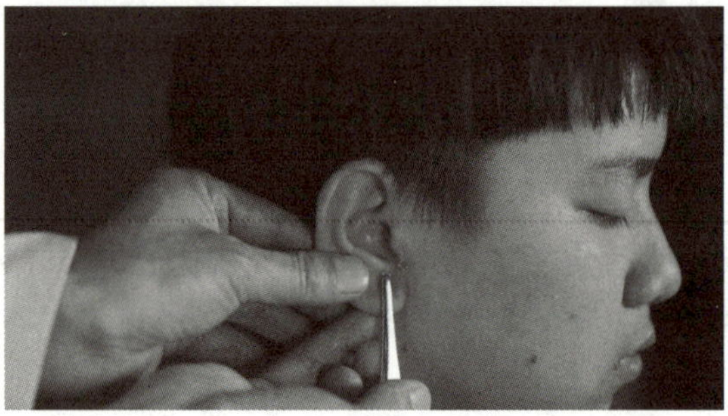

图 6-2　图钉型皮内针法

【操作穴位】

列缺、内关、三阴交、耳穴。

【注意事项】

（1）埋针宜选用较易固定和不妨碍肢体运动的穴位。

（2）埋针后，若患者感觉局部刺痛，应将针取出重埋或者改埋其他穴位。

（3）埋针期间，针处不要着水，以免感染。

（4）热天出汗较多，埋针时间不宜过长。

（5）若发现埋针部位感染，应将针取出，并做相应处理。

（6）溃疡、炎症、不明原因肿块处，禁止埋针。

【应用举例】

（1）遗精、遗尿：列缺埋针。

（2）高血压：膈俞埋针。

第7章　电　针　法

【物品准备】

多功能电针治疗仪，毫针，平镊，75%乙醇棉球，消毒干棉球，消毒纱布，盐水。

【操作步骤】

（1）安排体位

（2）准备针具、75%乙醇棉球，电针仪

（3）定穴与消毒

（4）进针与留针

（5）检查电针仪所有按钮

（6）连接导线

（7）电针治疗

（8）拆除导线与出针

【操作要点】

（1）每次使用电针仪之前，都应检查旋钮位置电源开关是否在“关”的位置上，输出强度旋钮是否都在最小位置或者“0”位。

（2）消毒后，按毫针刺法要求，将针刺入相应的穴位，并要求“得气”。

（3）根据治疗需要将电针仪的输出导线夹于毫针的针柄上，通常2个穴位为一组，按正负极形成电流回路。如果只需单穴电针时，可将电针仪的正极连接在刺入穴位的毫针针柄上，另一个电极则用生理盐水浸湿的纱布裹上，作无关电极，固定在同侧经脉的皮肤上。一般将同一对输出电极连接在身体的同侧，在胸背部的穴位上使用电针时，更不可将2个电极跨接在身体的两侧，避免电流回路通过心脏。

（4）将电针仪连接在电源上，打开电针仪的电源开关，根据治疗需要，选择合适的波形，然后逐渐调整输出电流值至所需要的电流强度。强度应由小到大，逐渐增加，至患者出现能耐受的酸麻跳动感为佳。然后根据治疗需要选择通电时间。一般疏密波5～15分钟，断续波5～20分钟，连续波15～30分钟。

（5）治疗结束后，应首先将所有输出按钮的输出强度缓慢旋转到“0”位，然后关闭电源开关，切断电源，撤去电极导线，取出毫针。收好电针仪（图 7-1）。

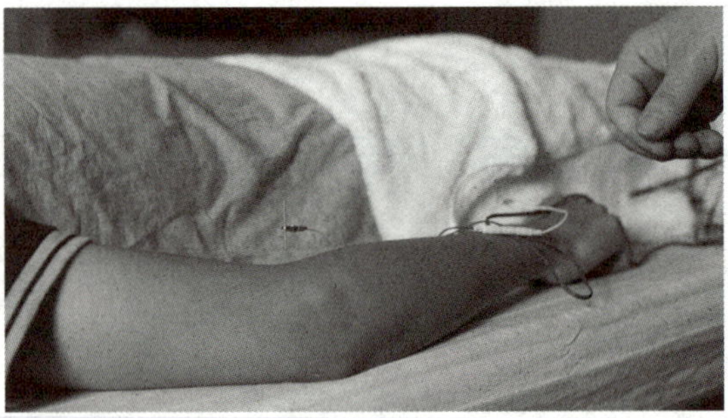

图 7-1　电针法

【操作穴位】

曲池、合谷、足三里、丰隆。

【注意事项】

（1）连接电针仪之前一定要先检查所有按钮是否归零或者在“关”的位置上，治疗结束后所有按钮也要归零，或者回到“关”的位置

（2）电流输出强度一定要由小到大缓慢增加，切忌突然增大。

（3）同一组电极的正负极不能接在身体的两侧，避免电流经过心脏。

第8章　穴位注射法

【物品准备】

2-10ml 注射器，5-7 号注射针头，2% 碘酒，75% 乙醇，生理盐水，龙胆紫，消毒干棉球，镊子，无菌手套，针盘。

【操作步骤】

（1）安排体位

（2）准备针具、抽吸生理盐水备用，2% 碘酒、75% 乙醇棉球

（3）定穴与消毒

（4）进针与行针，回抽

（5）注射

（6）出针

【操作要点】

（1）根据注射剂量的需要，选择合适的一次性注射器，将实验用的生理盐水抽吸好，并排空注射器针管及针头的空气，备用。

（2）根据治疗需要选择合适的体位，暴露注射部位，常规消毒后，用龙胆紫做好标记。

（3）快速将针刺入穴位皮肤下，然后缓缓推进或轻轻上下提插，直到穴位出现“得气”感应后，回抽一下，如无回血，即可将药液（生理盐水）缓缓推入。推药完毕后，缓缓将针退至皮下，快速拔出，用消毒干棉球按压。可根据不同情况，选择不同的药物和不同的穴位进行治疗（图 8-1）。

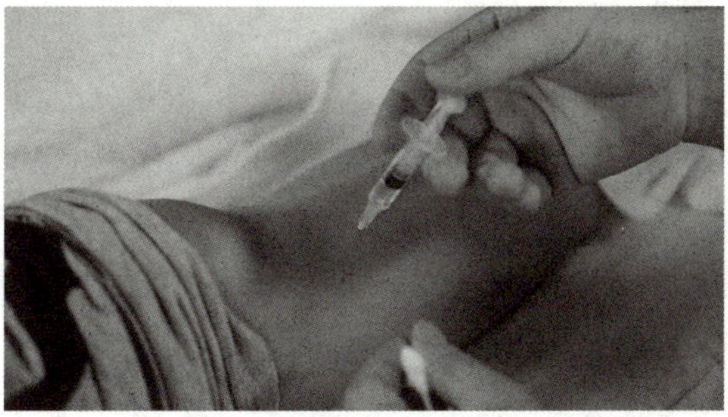

图 8-1　穴位注射

【操作穴位】

足三里、三阴交。

【注意事项】

（1）严格遵守无菌操作规则，防止感染。

（2）针刺进入穴位得气后方可注射。

（3）注射前要回抽无血，才能推药。

（4）注射前要认真检查药物的所有情况，如：药物的性能、药理作用、适应证、使用剂量、配伍禁忌、过敏反应、毒副作用、有效期、药液有无沉淀变质等。

（5）穴位注射中，如果针尖触碰到神经干，有触电样的感觉时，应及时退针，不可盲目的提插捻转。

第9章　火　针　法

【物品准备】

火针、小平镊、酒精灯、火柴或打火机、75% 乙醇棉球、消毒干棉球、污物盘。

【操作步骤】

（1）安排体位

（2）准备针具、75% 乙醇棉球

（3）定穴与消毒

（4）烧针与点刺

（5）消毒棉球轻按针孔

【操作要点】

（1）左手持灯，右手持针，靠近施术部位，烧针后迅速点刺。

（2）烧针顺序：先烧针身，后烧针尖，烧至通红或白亮。

（3）点刺深度：0.2 ～ 0.5cm。

（4）点刺要准确、迅速（图 9-1）。

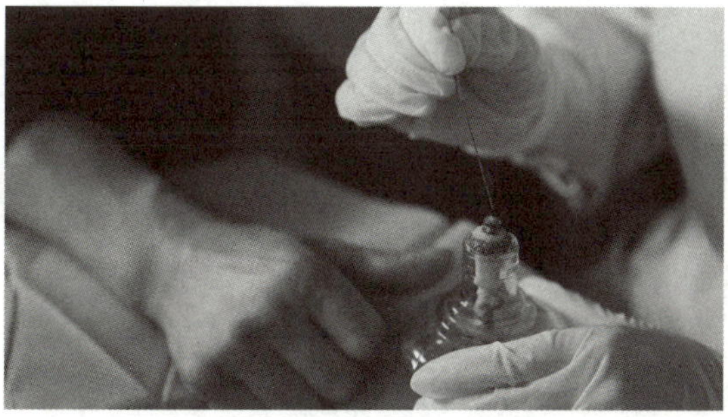

图 9-1　火针法

【操作穴位】

学生在实训室内操作下廉、上廉、手三里，选择 1 穴。

【注意事项】

（1）除治疗痣、疣、痤疮外，面部禁用。

（2）大血管、神经干部位禁用。

（3）不搔抓点刺处，24 小时不沾水，避免日晒，清淡饮食，保持大便通畅。

（4）禁忌证：瘢痕体质，过敏体质，发热、糖尿病、高血压、血友病及合并心血管、肝、肾和造血系统严重原发性疾病者，精神病、畏针者。

【应用举例】

（1）火针治疗痤疮：垂直快速点刺结节或囊肿顶部中央及基底部，皮损较大者，可连续点刺。

（2）火针治疗扁平疣：垂直快速点刺疣体顶部。小疣体点刺一下即可；疣体较大则需加围刺，深度以不超过皮损基底部为宜。时间长而疣体大者，用烙刺进针法：即用火针头轻触皮肤后进行烙熨，将突出于皮肤表面的疣体刮除，刮除疣体时应以皮损不出血为度。

第 10 章　穴位敷贴法

一、贴敷法

【物品准备】

吴茱萸末、陈酿醋、小碟、搅棒、纱布、医用胶布。

【操作步骤】

（1）安排体位
（2）准备药物
（3）选定穴位或部位
（4）敷贴药物与纱布覆盖
（5）医用胶布固定

【操作要点】

取吴茱萸末 12 克，盛入小碟，加醋适量调成糊状，将药糊敷于涌泉穴上。用纱布、医用胶布固定。晚上临睡前敷药，次晨取下（图 10-1）。

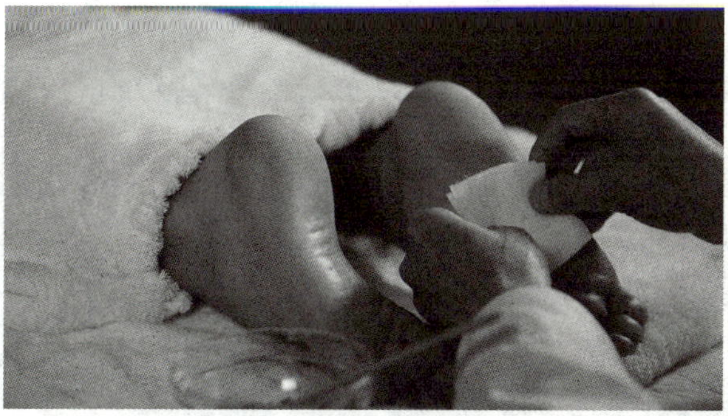

图 10-1　穴位贴敷法

【操作穴位】

涌泉穴

【注意事项】

（1）颜面五官部位、关节、心脏及大血管附近慎用，不宜用刺激性强的药物发泡，避免遗留瘢痕，影响容貌或活动功能。

（2）孕妇腹部、腰骶部及某些促进子宫收缩的穴位，如合谷、三阴交等，某些药物如麝香等禁用敷贴，以免流产。

（3）局部皮肤有创伤、溃疡、感染、药物过敏、或有较严重的皮肤病者、荨麻疹患者，禁止贴敷。

（4）糖尿病、血液病、艾滋病、结核病、发热、严重心肝肾功能障碍者慎用。

（5）贴敷药物后，局部出现热、凉、麻、痒或轻度疼痛属正常现象，如有烧灼或针刺样剧痛，难以忍受时，可提前揭去药物，及时终止贴敷。

二、熨敷法

【物品准备】

麦麸或棉籽壳 500g、棉质布袋、灶具、清洁水。

【操作步骤】

（1）安排体位

（2）药物入布袋加热

（3）选定穴位或部位

（4）熨敷

【操作要点】

取麦麸（或棉籽壳）500g 炒热，装入布袋，熨烙患处 5 ～ 10 分钟（图 10-2）。

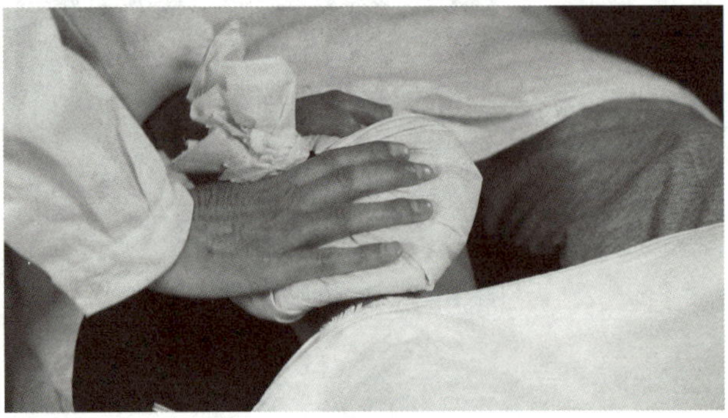

图 10-2　穴位熨敷法

【操作穴位】

胃脘部或大关节。

【应用举例】

（1）麸熨法治疗寒性腹痛：先将麦麸（或棉籽壳）500g 炒热；加苍术 50g、木香 50g、乳香 25g、没药 25g，再炒 1 ～ 2min，炒时加入少许清水，使锅内产生热气，以利发挥药力。炒好后装入布袋，熨烙患处。用于治疗消化不良、急慢性腹痛、腹泻和单纯性因寒而引起的腹痛。

（2）蚕砂熨法治疗风湿性关节酸痛：取蚕屎 500g、黄酒 200ml 搅拌均匀，分装在 2 个布袋内，蒸 10min，然后取出，趁热熨烙患处或四肢关节；也可用炒法，将蚕砂炒热后，再加黄酒拌炒，装袋熨烙。本法活血止痛，用于治疗风湿性关节酸痛。

第 11 章　微创穴位埋线法

【物品准备】

穴位埋线针、羊肠线、1% 利多卡因、注射空针、碘伏、75% 乙醇棉球、消毒干棉球、消毒纱布、消毒平镊、创可贴、污物盘。

【操作步骤】

（1）安排体位
（2）术者消毒
（3）准备针具、75% 乙醇棉球、利多卡因
（4）定穴与消毒
（5）利多卡因穴位浸润麻醉
（6）进针埋线
（7）出针与止血
（8）创可贴敷盖针孔

【操作要点】

（1）1% 利多卡因穴位浸润麻醉，每点注射约 0.5ml。
（2）埋线针进针到穴位适当深度（1 ～ 2cm）。
（3）推针芯将线体植入皮下组织或肌层内。
（4）出针后，用消毒干棉球压迫针孔片刻，并用创可贴敷盖（图 11-1）。

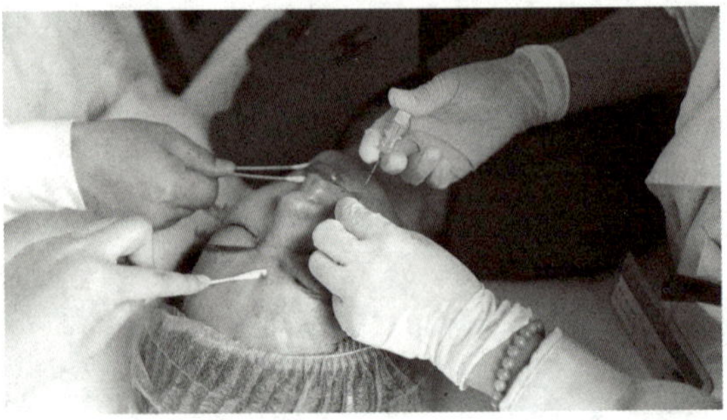

图 11-1　面瘫微创穴位埋线法

【操作穴位】

学生在实训室内操作丰隆穴

【注意事项】

（1）严格遵守无菌操作，防止感染。
（2）线头不可暴露于皮肤外面。
（3）勿伤及内脏、血管和神经。
（4）皮损部位不宜埋线。
（5）同一穴位作多次埋线时应偏离前次埋线的位置。
（6）注意术后不良反应：如出血和血肿、感染及过敏等，及时处理。

【应用举例】

（1）埋线治疗过敏性鼻炎：取耳门、迎香、肺俞、足三里、脾俞、肾俞。
（2）埋线治疗支气管哮喘：取定喘、肺俞、风门、丰隆、足三里。
（3）埋线治疗萎缩性胃炎：取上脘、中脘、梁门、胃俞、脾俞。

第12章　刮　痧　法

【物品准备】

刮痧板，刮痧介质（刮痧油、刮痧膏、凡士林、食用油等），75% 乙醇棉球，卫生纸，污物盘。

【操作步骤】

（1）安排体位：坐位或卧位

（2）准备刮具、介质、75% 乙醇棉球

（3）定穴与消毒

（4）涂介质

（5）用刮痧板刮拭，出痧为度

（6）完毕后用卫生纸清洁刮拭部位

【操作要点】

（1）右手持刮痧板，蘸取介质后，刮痧板平面与皮肤之间呈 45° 角度，运用腕力，从上向下或从内向外顺刮。力量要均匀、适中，逐渐加重，以病人能耐受为度。

（2）顺序：先头颈、背部，再胸腹，后四肢。先短刮，后长刮。

（3）时间：每次以出痧为度，两次治疗之间以痧斑消失为度（图 12-1）。

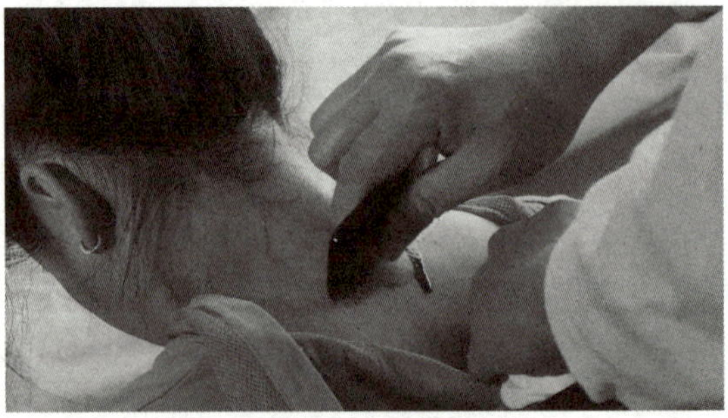

图 12-1　刮痧法

【操作部位】

颈部、背部、四肢部，选择1个部位。

【注意事项】

（1）过饥、过饱、过度紧张、过度疲劳或酒后不宜刮痧，以免发生晕刮。

（2）一人一板，以免交叉感染，刮痧板每次用完后要消毒，并妥善保管。

（3）刮痧后应避免外邪侵袭，须在皮肤毛孔闭合后方可洗浴，洗浴时水温不要过低或过高。

（4）有出血倾向的疾病、严重心脑血管病、急性传染病、严重肝肾功能不全、全身水肿等不宜用刮痧。

（5）皮肤有溃烂、损伤、炎症处禁刮。

（6）妇女经期及孕妇的下腹部、腰骶部、血海、三阴交、合谷穴等处禁刮。

（7）大血管分布处、心尖搏动处、乳房禁刮。

【应用举例】

（1）刮痧治疗感冒：依次刮拭①头部：百会及其周围；②项肩背：风府→陶道，天柱穴→大杼、附分，风池→肩井；③背腰部：陶道→腰阳关，大杼穴→大肠俞。

（2）刮痧治疗中暑：依次刮拭①背部：大椎→至阳，大杼→膈俞；②上肢：尺泽；③下肢：委中。

第13章　耳　针　法

一、耳穴压丸法

【物品准备】

电针仪（具有探穴功能）、王不留行籽（或油菜籽、莱菔子、六神丸等）、胶布、小平镊、医用剪、75% 乙醇棉球、消毒干棉球、干净纱布、盐水。

【操作步骤】

（1）安排体位

（2）准备王不留行籽、75% 乙醇棉球

（3）耳部消毒与脱脂

（4）探穴与选穴

（5）贴丸与按压

（6）取丸

【操作要点】

左手固定耳廓，用王不留行等放于胶布（0.5 × 0.5cm）上，贴压耳穴，嘱患者每天自行按压 3 ～ 5 次，每次 2 ～ 3 分钟，留丸 3 ～ 5 天（图 13-1）。

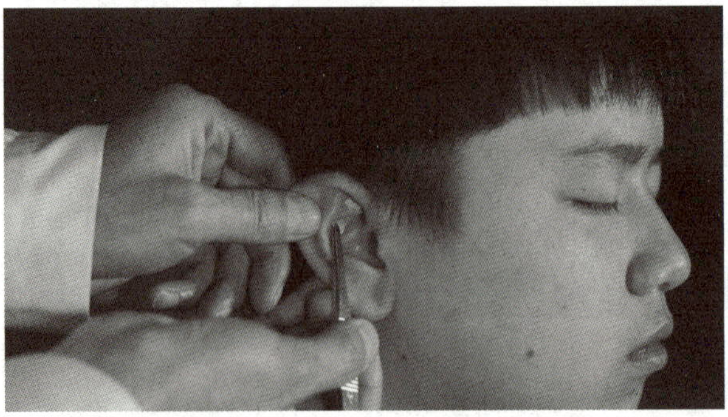

图 13-1　耳穴压丸法

【操作穴位】

耳穴阳性点，耳穴任意穴。

【注意事项】

（1）孕妇禁用耳针。
（2）耳冻伤或炎症部位禁用耳针。

二、耳穴毫针法

【物品准备】

电针仪（具有探穴功能）、消毒毫针（0.5 寸）、75% 乙醇棉球、消毒干棉球、干净纱布、盐水。

【操作步骤】

（1）安排体位
（2）准备针具、75% 乙醇棉球
（3）耳部消毒与脱脂
（4）探穴与选穴
（5）进针与行针
（6）出针

【操作要点】

左手固定耳廓，右手进针，深度以穿入软骨而不透过对侧皮肤为度，留针 20 ～ 30 分钟（图 13-2）。

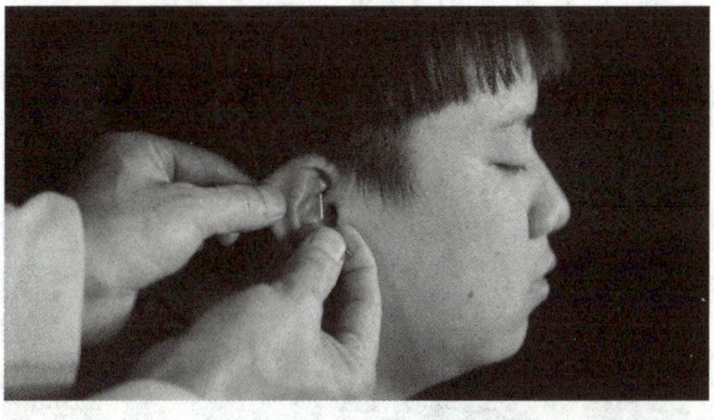

图 13-2　耳穴毫针法

【操作穴位】

耳穴阳性点，耳穴任意穴。

【注意事项】

（1）孕妇禁用耳针。

（2）耳冻伤或炎症部位禁用耳针。

（3）防止晕针。

三、耳穴皮内针法

【物品准备】

电针仪（具有探穴功能）、揿钉型皮内针、胶布、小平镊、医用剪、75% 乙醇棉球、消毒干棉球、干净纱布、盐水。

【操作步骤】

（1）安排体位

（2）准备针具、75% 乙醇棉球

（3）耳部消毒与脱脂

（4）探穴与选穴

（5）进针与行针

（6）出针

【操作要点】

左手固定耳廓，用镊子持针，刺入后用胶布固定，嘱患者每天自行按压 3 ～ 5 次，每次 2 ～ 3 分钟，留针 2 ～ 3 天（图 13-3）。

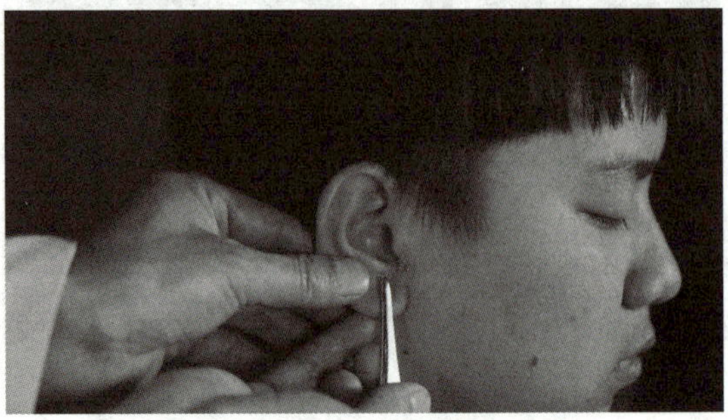

图 13-3　耳穴皮内针法

【操作穴位】

耳穴阳性点、耳穴任意穴，每项操作选 3 ～ 5 穴。

【注意事项】

（1）孕妇禁用耳针。

（2）耳冻伤或炎症部位禁用耳针。

（3）防止晕针。

【应用举例】

（1）耳穴治疗头痛：取枕、额、脑、皮质下、神门，每次选 2 ～ 3 穴。使用压丸法、毫针法、皮内针法均可。

（2）耳穴治疗不寐：取神门、皮质下、交感、内分泌、心、脾、肝，每次选 2 ～ 3 穴。使用压丸法、毫针法、皮内针法均可。

（3）耳穴治疗痛经：取内分泌、内生殖器、肝、肾、皮质下、神门，每次选用 3 ～ 5 穴。使用压丸法、毫针法、皮内针法均可。

第14章　头　针　法

【物品准备】

消毒毫针（1.5 ～ 2 寸）、75% 乙醇棉球、消毒干棉球、污物盘。

【操作步骤】

（1）安排体位

（2）准备针具、75% 乙醇棉球

（3）定穴与消毒

（4）进针与行针

（5）出针

【操作要点】

（1）持针：以拇指掌侧面与食指桡侧面夹持针柄，以食指的掌指关节快速屈伸行捻转手法。

（2）行针：只捻转不提插，捻转速度每分钟 200 次左右，进针后持续捻转 2 ～ 3 分钟，留针 5 ～ 10 分钟后，再持续捻转 2 ～ 3 分钟，反复操作 2 ～ 3 次即可起针（图 14-1）。

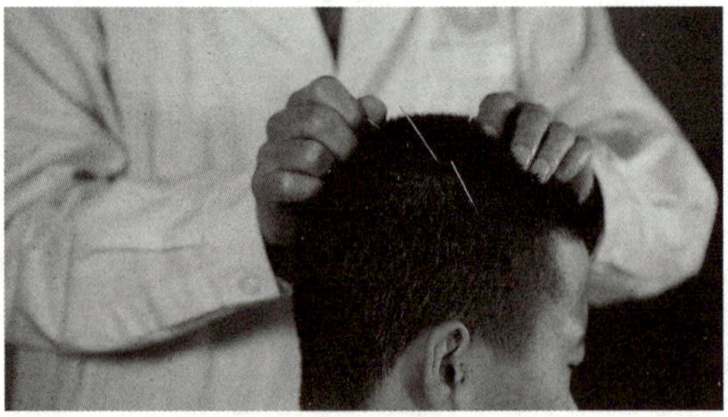

图 14-1　头针法

【操作穴位】

顶中线、顶颞前斜线、顶颞后斜线。

【注意事项】

（1）严格消毒，以防感染。

（2）头针刺激较强，须注意观察，防止晕针。

（3）头皮血管丰富，容易出血，起针时要用干棉球按压针孔片刻，以防出血及皮下血肿。

（4）中风患者，急性期如因脑出血引起有昏迷、发热、血压过高时，暂不宜使用头针治疗，待病情及血压稳定后再行针刺治疗。如因脑血栓形成引起的偏瘫者，宜尽早采用头针治疗。

（5）婴儿颅骨缝骨化不完全，不宜使用头针。

【应用举例】

（1）头针治疗中风：选顶颞前斜线、顶颞后斜线、顶旁1线、顶旁2线。毫针刺，留针30分钟，留针期间反复捻转2～3次。治疗时让患者活动肢体，每日或隔日1次，10次1疗程。

（2）头针治疗耳鸣耳聋：取两侧晕听区（或颞后线），毫针刺，留针20分钟，间歇运针。每日或隔日1次。

第15章 腕踝针法

【物品准备】

消毒毫针（30号或32号，1.5寸）、75%乙醇棉球、消毒干棉球、污物盘。

【操作步骤】

（1）安排体位

（2）准备针具、75%乙醇棉球

（3）定穴与消毒

（4）进针与留针

（5）出针

【操作要点】

（1）进针：针尖朝向病所，针体与皮肤呈30°角，轻捻针柄，使针尖快速刺入皮下，即将针放平，将针体贴近皮肤表面，沿皮下进针1.2～1.4寸。

（2）调针：要求不出现酸、麻、胀、痛等感觉，如有，则将针退至皮下，重新沿真皮下刺入。

（3）留针：20～30分钟，不行针。

（4）疗程：一般隔日1次，急性病可每日1次。10天为一疗程（图15-1）。

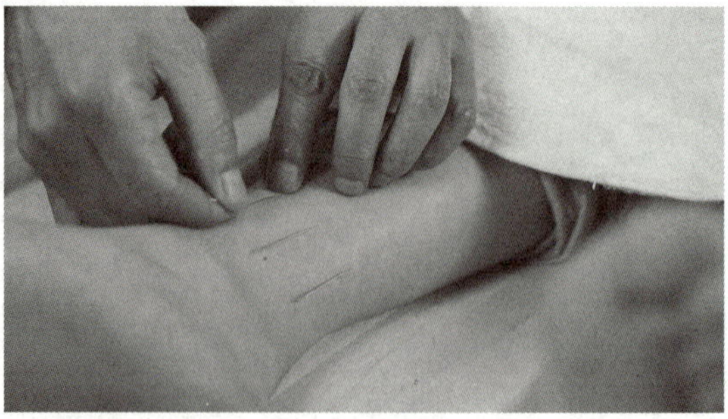

图15-1 腕踝针法

【操作穴位】

腕部进针点或踝部进针点。

【注意事项】

针体通过的皮下有较粗的血管或针尖刺入的皮肤处有显著疼痛时，进针点要沿纵线方向适当移位。

【应用举例】

（1）胸痛：取上 2。

（2）坐骨神经痛：取下 6。

第16章　杵　针　法

一、点叩手法

【物品准备】

五星三台杵、金刚杵或奎星笔。

【操作步骤】

（1）被操作者取俯卧位，操作者站在被操作者左侧；

（2）确定操作穴位；

（3）在中宫穴反复叩击，然后沿内八阵、中八阵、外八阵依次分别反复叩击；

（4）依照（3）反复操作。

【操作要点】

（1）杵针尖垂直向施术部位（穴位）反复叩击，如雀啄食；

（2）先在中宫穴反复叩击，然后沿顺时针方向，从内八阵、中八阵、外八阵依次分别反复叩击；

（3）叩击频率快，每分钟120次左右；叩击频率慢，每分钟60次左右；

（4）叩至皮肤潮红为度（图16-1）。

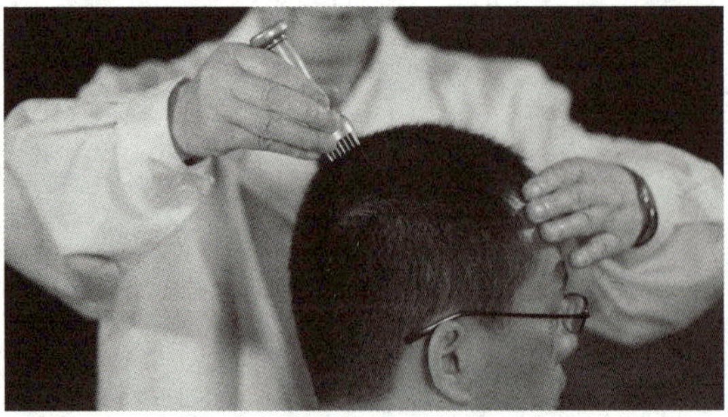

图16-1　杵针点叩手法

【操作部位】

腰部（命门八阵）

【注意事项】

（1）杵针针身与叩击部位呈垂直位；

（2）叩击频率均匀，力度以被操作者能忍受为度；

（3）叩击到棘突部位时，力度稍轻。

二、升降手法

【物品准备】

金刚杵或奎星笔

【操作步骤】

（1）被操作者俯卧位，操作者站在被操作者左侧；

（2）确定操作穴位；

（3）操作者持杵针尖接触施杵穴位的皮肤，然后一上一下地上推下退，上推为升，下退为降；

（4）反复操作。

【操作要点】

（1）持杵针尖垂直用力下压至得气为准，然后针尖向上推，接着向下退，再退至皮下，为一次；

（2）反复操作，至皮肤潮红为度（图 16-2）。

图 16-2 杵针升降手法

【操作穴位】

腰部（肾俞穴）

【注意事项】

（1）针尖下压力度，以被操作者能忍受为度；
（2）起针后，用针柄在操作局部轻柔一会儿，减轻皮肤疼痛。

三、开阖手法

【物品准备】

金刚杵

【操作步骤】

（1）被操作者俯卧位，操作者站在被操作者左侧；
（2）确定操作穴位；
（3）操作者持杵针尖接触施杵穴位的皮肤，用力下压，然后上提至皮下。

【操作要点】

（1）杵针尖接触施术穴位的皮肤，然后逐渐贯力达杵针尖，向下行杵，则为开；然后慢慢将杵针向上提至皮下，此为阖。

（2）反复操作，以皮肤潮红为度（图 16-3）。

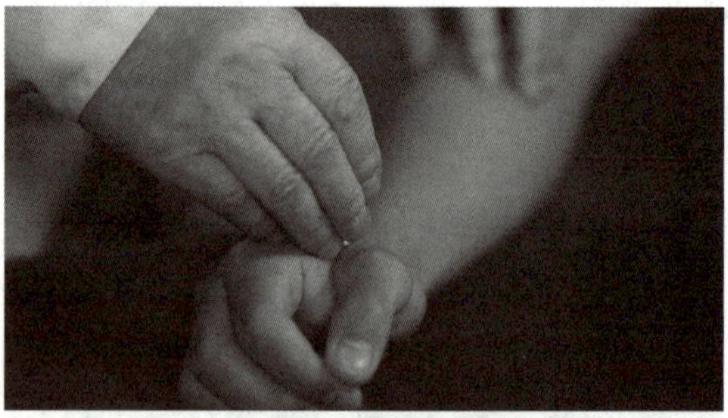

图 16-3 杵针开阖手法

【操作穴位】

背部（右侧肺俞穴）

【注意事项】

（1）针尖下压力度，以被操作者能忍受为度；

（2）起针后，用针柄在操作局部轻柔一会儿，减轻皮肤疼痛。

四、运转手法

【物品准备】

七曜混元杵、金刚杵或奎星笔。

【操作步骤】

（1）被操作者俯卧位，操作者站在被操作者左侧。

（2）确定操作穴位：至阳八阵；背腰部足太阳膀胱经一、二线　经脉循行部位。

（3）操作者持杵针，以针柄紧贴施术穴位（至阳八阵）的皮肤，从内向外，再从外向内，做太极运转；反复操作。

（4）操作者持杵针，以针柄紧贴施术部位（背腰部足太阳膀胱经一、二线经脉循行部位）的皮肤，做顺时针或逆时针的环形运转，自上而下，反复操作。

【操作要点】

（1）用杵针的针柄紧贴施术穴位的皮肤，稍垂直用力，然后从中宫穴（至阳）开始，沿顺时针方向由内向外（内八阵、中八阵、外八阵）环转运动，再沿逆时针方向从外向内环形运转；反复操作。

（2）操作者持杵针，以针柄紧贴施术部位（背腰部足太阳膀胱经一、二线经脉循行部位）的皮肤，垂直稍用力，做顺时针或逆时针的环形运转，自上而下，反复操作，先左侧后右侧（图 16-4）。

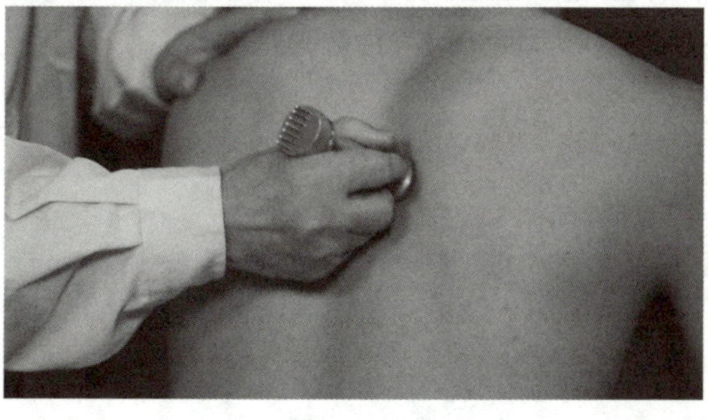

图 16-4　杵针运转手法

【操作穴位】

背腰部

五、分理手法

【物品准备】

七曜混元杵或五星三台杵

【操作步骤】

（1）被操作者俯卧位，操作者站在被操作者左侧；
（2）确定操作穴位：背部（河车路椎至段）；
（3）杵针尖紧贴施术穴位皮肤，左右分推，上下推退。

【操作要点】

（1）操作者持杵针，以针尖紧贴施术穴位的皮肤，针身向运动方向呈45度角，稍用力，从大椎到至阳，再到大椎，在七条线上反复操作，为理手法。

（2）从中线往两侧三线单方向操作，自上而下，反复操作，为分手法（图16-5）。

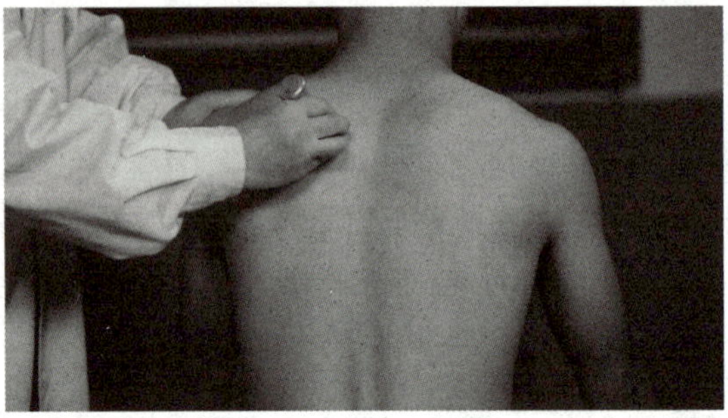

图16-5 杵针分理手法

【操作穴位】

背部（河车路椎至段）

【注意事项】

（1）针尖下压力度，以被操作者能忍受为度；
（2）针身倾斜度不宜过大，针柄不能刮伤皮肤；
（3）反复操作，以皮肤潮红为度。